edition suhrkamp

Redaktion: Günther Busch

Peter Szondi war bis zu seinem Tode im Oktober 1971 Ordinarius der Allgemeinen und Vergleichenden Literaturwissenschaft an der Freien Universität Berlin. Er hat in den Jahren 1965 bis 1971 wiederholt zu Problemen der Hochschulpolitik Stellung genommen. Seine entschiedenen Kommentare, seine Parteinahme für Veränderungen des Ausbildungssystems und für die Demokratisierung der Schulen und Hochschulen hat ihn frühzeitig zu einem der wichtigen Sprecher der Reformbewegung an der Freien Universität Berlin werden lassen. Die Vorschläge, die er gemacht hat, die Kritik an der Ordinarienuniversität alten Stils, die er als einer der ersten Professoren seines Fachs formuliert hat, zeigen den bedeutenden Gelehrten als politisch engagierten Verfechter eines gewandelten Selbstverständnisses der Universität. Peter Szondis Arbeiten zu diesem Thema versammelt unser Band.

Peter Szondi

Über eine »Freie (d. h. freie) Universität«

Stellungnahmen eines Philologen

Suhrkamp Verlag

Aus dem Nachlaß herausgegeben von Jean Bollack mit Henriette Beese, Wolfgang Fietkau, Hans-Hagen Hildebrandt, Gert Mattenklott, Senta Metz, Helen Stierlin

edition suhrkamp 620
Erste Auflage 1973
 Satz, in Linotype Garamond, Druck und Bindung bei Georg Wagner, Nördlingen. Gesamtausstattung Willy Fleckhaus.

Inhalt

Vorbemerkung

Die Herausgeber des literarischen und akademischen Nachlasses von Peter Szondi legen hier eine Reihe seiner Stellungnahmen zu den Auseinandersetzungen an der Universität vor, zu denen er selbst umfangreiche Materialsammlungen angelegt hatte.
Die Texte beziehen sich auf Konflikte, deren Beurteilung eine gewisse Kenntnis der bestimmten Situation an der Freien Universität Berlin in der zweiten Hälfte der sechziger Jahre und deren Zusammenhang mit der internationalen Protestbewegung an den Hochschulen voraussetzt.
Obwohl die besonderen Umstände, durch die diese Äußerungen jeweils veranlaßt sind, einer Konstellation angehören, die bereits vergangen scheint, bleiben nicht nur die Probleme selbst, sondern auch die Reflexion Szondis über die wirkliche und die vorgetäuschte Gefährdung der Universität akut.

Editorisches Vorwort

Bei den hier gesammelten Stellungnahmen handelt es sich – mit Ausnahme von Nr. 7 (»Deutsche und Juden«) – um Äußerungen zu hochschulpolitischen Fragen. Der Band enthält alle von Szondi veröffentlichten Zeitungsartikel, Leserbriefe, Gutachten, Offenen Briefe und Rundfunksendungen zu diesen Themen. Universitätsöffentliche Erklärungen wurden aufgenommen, soweit sie schriftlich fixiert vorliegen. Einige Texte, vor allem eine Erklärung zu früheren Stellungnahmen (Nr. 18) und Aphorismen (Nr. 19), sind bisher unveröffentlicht. Aus den verschiedenen Erklärungen, die Szondi gemeinsam mit anderen Professoren unterzeichnet hat, erscheint nur eine Auswahl.

Bereits publizierte Texte sind nach der Druckfassung, die übrigen nach dem Wortlaut der im Nachlaß befindlichen Manuskripte wiedergegeben. Eine Ausnahme bildet das Rundfunkgespräch zwischen Adorno und Szondi (Nr. 9): Das Funkmanuskript ist eine unbearbeitete Nachschrift des Gesprächs. Den Herausgebern erschien es gegenüber diesen Autoren nicht als Sakrileg, sondern als Ausdruck des Respekts, das Manuskript insofern zu redigieren, als Unstimmigkeiten im Satzbau beseitigt und Redundanzen der mündlichen Rede verringert wurden.

Die einzelnen Themen sind chronologisch geordnet; wo mehrere Äußerungen zu einem Thema unter einem gemeinsamen Titel zusammengefaßt sind, ergeben sich mitunter zeitliche Überschneidungen.

In kurzen Kommentaren haben die Herausgeber, die fast alle die geschilderten Ereignisse als Studenten Szondis miterlebten, jeweils den Zusammenhang der Auseinandersetzungen rekonstruiert, soweit er zum Verständnis der Stellungnahmen erforderlich schien. Sie haben versucht, eine sachliche Darstellung zu geben, ohne doch verleugnen zu wollen, daß sie keine unbeteiligten Zeugen sind. Als Quellenmaterial standen vor allem Zeitungsausschnitte, Broschüren und Flugblätter zur Verfügung, die Szondi gesammelt hatte.

Szondis Stellungnahmen sind in einem großen Schriftgrad ab-

gedruckt, die Kommentare in einem kleinen. In einem mittleren Schriftgrad sind Erklärungen wiedergegeben, die Szondi mit anderen Professoren gemeinsam abgab, als Stellungnahmen verwendete Zitate und ähnliche Materialien.
Der Titel des Bandes zitiert den Titel eines Artikels von Szondi (vgl. Nr. 2).
Henriette Beese besorgte die Zusammenstellung des Bandes und den Entwurf der Kommentare; diese wurden gemeinsam von den Herausgebern überarbeitet.

1. Der »Fall Krippendorff«
Sommersemester 1965

Im Sommersemester 1965 begannen stärkere Auseinandersetzungen an der Freien Universität Berlin. Aus diesem Semester stammt auch Szondis erste Stellungnahme zu einem hochschulpolitischen Ereignis, die er gemeinsam mit fünf anderen Professoren der Philosophischen Fakultät ausarbeitete und unterzeichnete. Da in der zu Semesterende veröffentlichten Stellungnahme verschiedene Themen miteinander verflochten sind, ist es notwendig, einen kurzen Überblick über die Ereignisse des Semesters zu geben:
Während die ersten größeren Protestaktionen der Studenten gegen den Vietnam-Krieg stattfanden, kam es auch an der Freien Universität zu Konflikten, die über die Universität hinaus einer breiteren Öffentlichkeit bekannt wurden.
Zum 8. Mai, dem 20. Jahrestag der deutschen Kapitulation, lud Prof. Sontheimer, der Geschäftsführende Direktor des Otto-Suhr-Instituts[1], in seiner Eigenschaft als Senatsbeauftragter für Politische Bildung[2] Karl Jaspers zu einem Vortrag ein. Während Jaspers aus Gesundheitsgründen absagte, wurde Sontheimer von Rektor und Akademischem Senat gerügt: Der 8. Mai solle überhaupt nicht offiziell begangen werden, Jaspers sei höflich wieder auszuladen. Gleichzeitig hatte der AStA[3] für den 8. Mai den Publizisten Erich Kuby zu einem Vortrag eingeladen. Dem AStA wurde vom Rektor beschieden, es stünden für diesen Zweck keine Räume zur Verfügung. 1958 hatten Rektor und Senat beschlossen, Kuby dürfe wegen seiner Äußerung, der Name »Freie Universität«, der »antithetisch an die unfreie Universität«, d. h. die Humboldt-Universität in Ost-Berlin, »gebunden« sei, sei einer Stätte der Wissenschaft nicht angemessen, nie wieder an der FU sprechen. Der Vortrag von Kuby fand daher am 8. Mai in der Technischen Universität statt; gleichzeitig reagierten die Studenten mit einem Teilstreik und Demonstrationen, Resolutionen und Plakaten. Unter anderem wollte der AStA-Vorsitzende bei der feierlichen Immatrikulation am 28. 5. auf das Thema eingehen und wurde daraufhin vom Rektor am Weitersprechen gehindert.
Am 14. 5. erschien im »Spandauer Volksblatt«, einer kleineren Berliner Tageszeitung, die damals von einigen Berliner Schriftstellern un-

1 Otto-Suhr-Institut = Institut für Politologie an der Freien Universität Berlin, früher Hochschule für Politik.

2 Der Akademische Senat war das oberste Organ der universitären Selbstverwaltung, dem der Rektor, der Prorektor, die Dekane und Wahlsenatoren der Fakultäten, je zwei Assistenten und Studenten angehörten.

3 Der Konvent war die parlamentarische Vertretung der Studenten, der AStA (Allgemeiner Studenten-Ausschuß) das von ihm eingesetzte ausführende Organ der Studentenvertretung.

terstützt wurde, um eine Alternative zu den Zeitungen des Springer-Konzerns anzubieten, ein Artikel von Ekkehart Krippendorff, der am Otto-Suhr-Institut Assistent bei Prof. Ziebura war. Dieser Artikel war vor allem ein Versuch, der Berliner Bevölkerung zu erklären, warum die Studenten gegen ihren Rektor demonstrierten, inwiefern das faktische Redeverbot für Kuby an der FU »zugleich ein Eingriff in die Freiheit dieser Stadt« sei, und daß Demonstrationen keine Ruhestörung sondern Bestandteil einer lebendigen Demokratie seien. Krippendorff erwähnte in dem Artikel auch, daß der Rektor, »wie man hört«, einen Vortrag von Jaspers wegen dessen abweichender politischer Meinung verhindert habe. Am 19. 5. stellte Krippendorff im »Spandauer Volksblatt« richtig, daß Jaspers aus Gesundheitsgründen abgesagt habe; am 28. 5. entschuldigte er sich schriftlich beim Rektor für die Falschmeldung (erst am 28. 7. erfuhr man aus der Berliner Tageszeitung »Der Tagesspiegel«, daß der Rektor tatsächlich Jaspers, falls dieser nicht abgesagt hätte, ausgeladen hätte), und am 10. 6. erhielt er einen Brief vom Rektor, in dem ihm mitgeteilt wurde, sein am 30. 9. auslaufender Vertrag als Assistent würde nicht verlängert werden, nur angesichts des baldigen Auslaufens seines Vertrages werde ihm nicht fristlos gekündigt.
Dieser Brief war Anlaß zu einer heftigen Kontroverse an der Freien Universität, die sich in Resolutionen, Flugblättern, Memoranden, Erklärungen und Zeitungsartikeln niederschlug. Die eine Seite argumentierte: Krippendorff habe in seiner Behauptung über die Ablehnung von Jaspers die Wahrheit verletzt sowie den Rektor beleidigt; seine nachträgliche Richtigstellung und Entschuldigung könnten das nicht wiedergutmachen; die andere Seite: vorwiegend gehe es um das Redeverbot für Kuby durch Verweigerung von Räumen, und da sei der Vorwurf der Zensur berechtigt gewesen; die Kündigung Krippendorffs bestätige diesen Vorwurf.
Gleichzeitig fand am 12. 6. in der Berliner Deutschlandhalle die 150-Jahr-Feier der deutschen Burschenschaft statt. Obwohl an der Freien Universität schlagende Verbindungen nicht zugelassen sind, nahm Rektor Lüers an dieser Feier teil, ebenso wie der Präsident der Westdeutschen Rektorenkonferenz. Bei einem Festkommers gelegentlich dieser Feier (bei dem der Rektor nicht anwesend war) sagte Prof. Bettermann, der damals Wahlsenator der Juristischen Fakultät war: »Wer Ehre sagt, Ehre verlangt und Ehre verteidigt in dieser Zeit, der muß wissen, daß er sich in der Minderheit befindet« und forderte abschließend: »Bringen Sie unsere Universität wieder in Ordnung!« Auf die öffentliche Kritik hin gab der Senat am 16. 6. eine Erklärung ab, in der die Teilnahme des Rektors an der Feier als »Höflichkeitsgeste« gegenüber dem Präsident der Westdeutschen Rektorenkonferenz gedeutet und auf Bettermann nicht eingegangen wurde.
In dieser Situation veröffentlichte Prof. von der Gablentz (Otto-Suhr-Institut) einen Artikel in der Wochenzeitung »Die Zeit« mit dem Titel »Die Freiheit in der Freien Universität Berlin« (»Die Zeit« vom 16. 7. 1965). Darin stellte er zunächst die Situation dar. Anschließend übte er Kritik nicht nur am Verhalten des Rektors, der,

ohne sich mit dem Institutsdirektor Sontheimer und dem zuständigen Ordinarius Ziebura abzusprechen, Krippendorff indirekt entlassen hatte, sondern vor allem an der Zustimmung zu diesem Vorgehen auf seiten der meisten Professoren der Freien Universität. Diese Zustimmung führte er auf die »Untertanengesinnung«, die »naive Anbetung des Obrigkeitsstaates« einerseits, das »Standesbewußtsein« und die »Klassengesinnung« anderseits zurück, Relikte preußischer und nationalsozialistischer Tradition bei deutschen Akademikern. – Der Artikel wurde als Vorabdruck am 15. 6. in der Universität verbreitet; im Abdruck in der »Zeit« verschwand das Wort »Untertanengesinnung«.

Während Ziebura sich mit seinem Assistenten Krippendorff solidarisierte und von der Gablentz' Meinung teilte, schickten die Politologie-Professoren Sontheimer und Fraenkel eine Gegendarstellung an die »Zeit«, in der sie sich gegen die Burschenschaften, aber auch gegen von der Gablentz erklärten. Mittlerweile schrieben auch andere überregionale Zeitungen über den Fall; Politologen aus Marburg, unter ihnen Prof. Abendroth, plädierten für die Wiedereinstellung Krippendorffs.

Am 20. 7. gab der Akademische Senat eine Erklärung zu von der Gablentz' »Zeit«-Artikel ab und faßte einen Beschluß zum Fall Krippendorff. In diesen beiden Dokumenten wurde das Verhalten des Rektors für richtig und sogar für »milde« erklärt; die Vorwürfe gegen ihn und seine Fürsprecher wurden als falsch und beleidigend zurückgewiesen. Krippendorff, so hieß es wiederum, sei nicht wegen seiner politischen Meinung, sondern wegen der Verbreitung von Unwahrheiten entlassen worden; bzw. er sei überhaupt nicht entlassen worden, sondern sein Vertrag sei nicht verlängert worden; Sontheimer und Ziebura seien bei der Entscheidung des Rektors nicht übergangen worden, da dessen Brief Krippendorff auf dem Weg über den Institutsdirektor Sontheimer übermittelt worden sei. Abschließend forderte der Senat den Rektor auf, »die Störungen der akademischen Ordnung zu unterbinden und dafür zu sorgen, daß sich auch AStA und Konvent in den Grenzen ihrer satzungsmäßigen Zuständigkeit halten«.

Szondi schrieb am 21. 7. gemeinsam mit acht weiteren Professoren der Philosophischen Fakultät, nämlich den Professoren Eberhard, Emrich, Gollwitzer, Lämmert, Lennert, Striedter, Taubes und Weischedel, einen Leserbrief an die »Zeit«, der am 23. 7. veröffentlicht wurde:

Die unterzeichneten Professoren der Philosophischen Fakultät der Freien Universität Berlin teilen die Enttäuschung und Besorgnis, die Herrn Professor Otto Heinrich von der Gablentz zu seinem Artikel »Die Freiheit in der Freien Universität Berlin« veranlaßt hat, ohne daß sie sich in jedem Punkte dessen Argumentation anschließen.

Außerdem verfaßte er am 23. 7. gemeinsam mit den Professoren Eberhard, Gollwitzer, Lennert, Taubes und Weischedel eine weitere Stellungnahme in der Form eines Briefes an die Kollegen an der Freien Universität:

An die
Mitglieder des Lehrkörpers
der Freien Universität Berlin

Sehr verehrte Kollegen!
Der Akademische Senat hat am 20. 7. 1965 eine Erklärung und einen Beschluß der Öffentlichkeit zur Kenntnis gebracht. Erlauben Sie uns, Ihnen zu begründen, weshalb diese Verlautbarungen nicht dem entsprechen, was wir von unseren gewählten Repräsentanten meinen erwarten zu dürfen.
1. Wir sind befremdet darüber, daß der Akademische Senat sich mit einer scharfen Erklärung einseitig gegen einen Kollegen wendet, der Maßnahmen des Rektors kritisiert hat. Der gleiche Akademische Senat, der sich bisher für unzuständig hinsichtlich des Vorgehens des Rektors gegen Dr. Krippendorff angesehen hat, tritt jetzt als Verteidiger dieses Vorgehens auf. Der gleiche Akademische Senat, der jetzt erklärt, daß der Artikel von Dr. Krippendorff auch ihn beleidigt habe (siehe Erklärung unter 1 b), hat es vom Tage des Erscheinens dieses Artikels an (14. Mai) bis zur Stellungnahme des Herrn von der Gablentz (16. Juli) nicht für nötig befunden, sich zu dieser Angelegenheit zu äußern. Der gleiche Akademische Senat, der jetzt in so scharfer Weise die Kritik eines Kollegen als beleidigend zurückweist, hat zu den öffentlichen Äußerungen eines seiner Mitglieder auf der Tagung der Deutschen Burschenschaft geschwiegen, in denen der Mehrheit des deutschen Volkes der Sinn für Ehre abgesprochen wurde und die von der Freien Universität abgelehnten schlagenden Verbindungen dazu aufgerufen wurden, an unserer Universität Ordnung zu schaffen.
2. Der Akademische Senat wirft in seiner Erklärung (Punkt 3) unserem Kollegen von der Gablentz in aller Öffentlichkeit vor, er habe die Unwahrheit gesagt. Der Akademische Senat weiß genauso wie wir, daß S. Magnifizenz sich bei den Kollegen Sontheimer und Ziebura dafür entschuldigt hat, sie vor Erlaß seiner Maßnahme gegen Dr. Krippendorff nicht befragt zu haben, und daß Kollege von der Gablentz mit seinem Ausdruck

»Übergehung der Professoren« *dies* gemeint hat, woran die formale Tatsache, daß die Schreiben des Rektors an Dr. Krippendorff über Professor Sontheimer als Geschäftsführenden Direktor des Otto-Suhr-Instituts geleitet worden sind, nichts ändert. Der Akademische Senat weiß genauso wie wir, daß S. Magnifizenz in seinem Brief an Dr. Krippendorff vom 10. 6. erklärt hat, er habe eine fristlose Kündigung nur deshalb als »entbehrlich« erachtet, weil Dr. Krippendorffs Anstellungsvertrag ohnehin am 30. 9. auslaufe, und daß Kollege von der Gablentz *dies* mit seinem Ausdruck »verklausulierte Entlassung« gemeint hat. Die Behauptung, Herr Kollege von der Gablentz habe die Unwahrheit gesagt, wird dadurch selbst unwahr.

3. Wir sind nicht der Meinung, daß jedem Kollegen, der die Maßregelung von Dr. Krippendorff als angemessen ansieht, »Untertanengesinnung«, »naive Anbetung des Obrigkeitsstaates« und »undemokratische Haltung« vorgeworfen werden darf. Wir sind aber sicher, und auch der Akademische Senat hätte voraussetzen dürfen, daß Herr von der Gablentz lediglich auf eine Gefahr aufmerksam machen wollte, und daß in einer solchen Warnung keine »Beleidigung des Lehrkörpers der Freien Universität« liegt. Die beiden Verlautbarungen des Akademischen Senats scheinen uns nicht geeignet, die Befürchtung, es bestehe eine solche Gefahr, zu beheben.

4. Wir bedauern, daß der Akademische Senat, der sich als Repräsentant der gesamten Universität verstehen muß, in seinen beiden Verlautbarungen der Tatsache nicht Rechnung getragen hat, daß ein Teil des Lehrkörpers und der Studenten die Maßnahmen des Rektors kritisch beurteilt, sondern daß er sich einseitig zum Sprecher einer bestimmten Auffassung gemacht und entgegengesetzte Stellungnahmen dem Verdacht der Illoyalität ausgesetzt hat.

5. Wenn wir auch die Formen, in denen sich die studentischen Kundgebungen abgespielt haben, keineswegs in jeder Hinsicht billigen können, so halten wir es doch für berechtigt, wenn Studenten zur Handhabung des Hausrechts gegenüber Veranstaltungen des AStA und der zugelassenen studentischen Vereinigungen und zur Maßregelung eines Assistenten Stellung nehmen.

6. Wir wissen nicht, welche »Störungen der akademischen

Ordnung und des Arbeitsklimas« in der Aufforderung des Akademischen Senats an den Rektor gemeint sind (s. Beschluß Punkt 3). Wir sind uns nicht klar, ob nach Auffassung des Senats darunter auch die Anwesenheit des Rektors auf der Burschenschaftstagung und der Appell des Wahlsenators der Juristischen Fakultät an die Tagungsteilnehmer: »Bringen Sie uns unsere Universität wieder in Ordnung!« zu rechnen sind. Wir sind darüber bestürzt, daß in der Aufforderung des Akademischen Senats an den Rektor das Wort »unterbinden« fällt. Weitere administrative Maßnahmen von der Art, wie sie zu der Krise dieses Sommers beigetragen haben, können diese nur verschärfen. Wir hätten stattdessen erwartet, daß der Senat als Vertreter der gesamten Universität Wege gesucht haben würde, um die gegenwärtige Vertrauenskrise zu entschärfen.

Diese Erklärung wurde ausführlich zitiert in der Berliner Ausgabe der »Welt« vom 28. 7. und vollständig abgedruckt im »Tagesspiegel« vom 28. 7. Sie führte dazu, daß der Dekan der Philosophischen Fakultät, weil er qua Amt Mitglied des Senats war, die Vertrauensfrage stellte, aber in seinem Amt bestätigt wurde. Ansonsten »blieb [...] diese Mahnung [...] ohne Resonanz« (»Der Spiegel« Nr. 32/1965) bei den Organen der Universität, ebenso wie alle übrigen Proteste.[4]

4 Quellen: Die Welt, Berliner Ausgabe 28. 7. 1965, Der Tagesspiegel 28. 7. 1965, Christ und Welt 23. 7. 1965, Neue Zürcher Zeitung 30. 7. 1965, Die Zeit 20. 8. 1965, Der Spiegel Nr. 32/1965. – Hektographien: Erklärung und Beschluß des Akademischen Senats der Freien Universität Berlin vom 20. 7. 65, FU-Spiegel 16. 7. 1965, Otto Heinrich von der Gablentz: »Die Freiheit in der Freien Universität Berlin« (Vorabdruck), Ernst Fraenkel und Kurt Sontheimer: »Die Freiheit in der Freien Universität Berlin – Eine Entgegnung« (Vorabdruck), Prof. Dr. Gilbert Ziebura: »Memorandum über die Entlassung meines Assistenten Ekkehard Krippendorff« 22. 6. 1965, einige studentische Resolutionen.

2. Die Empfehlungen des Wissenschaftsrats zur Neuordnung des Studiums und die Zwangsexmatrikulation
Sommersemester 1966

Am 10. Juni 1966 übergab der Wissenschaftsrat[1] seine »Empfehlungen zur Neuordnung des Studiums an den wissenschaftlichen Hochschulen« der Öffentlichkeit. Ihr Hauptinhalt war, daß alle Studiengänge zu verkürzen und zu diesem Zweck zu rationalisieren seien. Die Stellungnahmen akademischer Gremien dazu (Rektorenkonferenz, Fakultätentage, einzelne Fakultäten und Seminare, Verbände von Fachvertretern) reichten von fast uneingeschränkter Zustimmung über eine Abwägung von begrüßenswerten und abzulehnenden Vorschlägen bis zu fast vollständiger Distanzierung. Naturwissenschaftler, Geisteswissenschaftler und Studentengruppen trafen sich in den ablehnenden Argumenten, daß nicht alle Fächer nach den gleichen Prinzipien zu behandeln seien, und daß erst die Studiengänge reformiert werden müßten, bevor die Studienzeiten verkürzt werden könnten. Wenige Professoren und viele Studenten waren der Meinung, die Empfehlungen zielten darauf ab, Personal- und Sachmittel zu sparen, vor allem aber, die Studenten zu »nützlichen Fachidioten« auszubilden. Fürsprecher der Empfehlungen warfen ihren Kritikern Mystizismus und Reformfeindlichkeit vor und betrachteten die bisherige Freiheit des Lernens als »Hemmnis«. So z. B. die »Welt« in ihrem Kommentar am 11. 6., wo unter dem Titel »Der Wissenschaftsrat weist den Weg – gehen ihn die Hochschulen?« dem Wissenschaftsrat Lob für sein »taktisches Geschick« und seine »behutsame Diktion« erteilt und zum Schluß festgestellt wurde: »Die Entscheidung ist jetzt in die Verantwortung der Hochschulen gestellt.«
Zu dieser Zeit wurde an der Freien Universität Berlin die Zwangsexmatrikulation bei Überschreitung einer Maximalstudienzeit in der Medizinischen Fakultät eingeführt und in der Juristischen Fakultät verschärft. Der AStA plante eine Urabstimmung, wofür Rektor Lieber die Räume verweigerte.
Bei einer Podiumsdiskussion am 21. 6. in der Freien Universität, wo verschiedene Meinungen über die Zwangsexmatrikulation und die Empfehlungen des Wissenschaftsrats geäußert wurden, sagte Prof.

1 Der Wissenschaftsrat besteht aus der Verwaltungskommission (die Kultusminister der Länder und Vertreter des Bundes) und der wissenschaftlichen Kommission (16 Hochschullehrer und 6 Persönlichkeiten des öffentlichen Lebens, meist Industrielle). In seiner Geschäftsstelle sind hauptamtlich 9 Juristen und Statistiker beschäftigt. Vorsitzender war 1966 Hans Leussink, damals Ordinarius für Grundbau, Tunnelbau und Baubetrieb an der Technischen Universität Karlsruhe, später der erste Wissenschaftsminister der SPD/FDP-Regierung.

Bettermann, damals Zulassungsprofessor[2] an der Juristischen Fakultät, nachdem er den juristischen Studiengang als nicht reformbedürftigen wohlgeordneten »Kosmos« bezeichnet hatte: »Wer nach neun Semestern nicht fertig ist, legt den Verdacht nahe, daß mit seinem Studium etwas nicht stimmt, und zwar in seinem individuellen Bereich, nicht etwa im institutionellen Bereich der Universität.« Dies berichtete der »Tagesspiegel« am 22. 6.

Am 22. 6. fand das erste Sit-in an der Freien Universität statt: über 3000 Studenten (von 15 000) versammelten sich während und nach einer Sitzung des Akademischen Senats von 15.00 Uhr bis 0.45 Uhr, um ihren Forderungen Nachdruck zu verleihen: Aufhebung der Zwangsexmatrikulation, Gründung einer Studienreformkommission, Rücktritt von Bettermann als Zulassungsprofessor der Juristischen Fakultät und einige weitere aktuelle Punkte. An der Versammlung nahmen vorübergehend sieben Dozenten teil: die Professoren von Friedeburg, Goldschmidt, Weischedel und die Assistenten Agnoli, Meschkat, Nitsch und U. Preuß.

Am 24. 6. begann Szondi seine Vorlesung mit folgender Erklärung:

Wenn Sie mir erlauben, daß ich heute einige Minuten länger lese, und ich Sie bitten darf, nachher auf jede Beifallsbezeigung zu verzichten, so möchte ich ein Wort zu dem Thema Zwangsexmatrikulation sagen, und zwar, da ich nun einmal Philologe bin, anhand eines Textes.

Die darauf folgende Stellungnahme erschien mit leichten stilistischen Änderungen und einer Nachbemerkung in: »Der Monat« Jg. 18 (August 1966) H. 215, pp. 93 f.:

Der Zwang zum Zwang

Im Rahmen einer Podiumsdiskussion soll ein Mitglied des Zulassungsausschusses der Juristischen Fakultät der Freien Universität Berlin behauptet haben:

»Wer nach neun Semestern [auf die das Studium an dieser Fakultät neuerdings befristet ist] nicht fertig ist, der legt den Verdacht nahe, daß mit seinem Studium etwas nicht stimmt, und zwar in seinem individuellen Bereich, nicht etwa im institutionellen der Universität.«

2 D. h. Mitglied der Fakultätskommission, welche über die Zulassung von Studenten beschloß, die sich zum Studium bewarben.

Es ist sehr zu hoffen, daß dieser Satz weder in dieser noch in ähnlicher Form von einem Professor dieser Universität über die Lippen gebracht wurde. Sollte aber der Berichterstatter kein Gespenst der Nacht gehört haben und die Zeitung, ihrem Namen entsprechend, wirklich nur, was an jenem Tage gesagt wurde, gespiegelt, so seien einem Mitglied des Zulassungsausschusses der Philosophischen Fakultät folgende Bemerkungen gestattet:
Wenn jemand nach einer bestimmten Zahl von Semestern, die statistisch als der Durchschnitt errechnet wurde, nicht fertig ist, so legt er keineswegs den Verdacht nahe, daß mit seinem Studium »etwas nicht stimmt«, sondern nur die Frage, warum er weder zu den Studenten mit durchschnittlich langem, noch zu jenen mit einem kürzeren Studium gehören mag. Eine Argumentation, die einen Durchschnittswert behandelt, als wäre es ein normativer Maximalwert, stimmt selber nicht.
Wäre erwiesen, daß bei einem Studenten etwas mit seinem Studium nicht stimmt, so wäre damit noch gar nicht ausgemacht, daß die Fehlerquelle im individuellen Bereich liegt und nicht in dem der Institution. Ich erinnere mich, vor einiger Zeit in dem Gebäude der Wirtschafts- und Sozialwissenschaftlichen Fakultät den größten Hörsaal überfüllt gesehen zu haben, die Türen standen offen, davor Trauben von Studenten, die im Stehen schrieben. Auf meine Frage, welche weltberühmte Kapazität hier einen Gastvortrag halte, wurde mir geantwortet, dies sei eine wöchentlich stattfindende juristische Klausur. Seitdem frage ich mich, wozu Studenten Latein können müssen, wenn ihre Klausuren bei offenen Türen stattfinden.
Im übrigen stehen der individuelle und der institutionelle Bereich kaum je so unvermittelt sich gegenüber, wie es das »nicht etwa« des Zitats apologetisch wahr haben möchte. Auch hat der institutionelle Bereich vor dem persönlichen keinerlei Vorrang: der Staat wie die Institutionen sind um der Menschen willen da, nicht umgekehrt, und sie sind

bekanntlich um so besser, je weniger man von ihnen merkt.

Verhält es sich aber in einem gegebenen Fall wirklich so, daß im individuellen Bereich des Studenten etwas »nicht stimmt« – wobei freilich schon das Wort »stimmt« höchst fragwürdig ist und weder psychologisch noch moralphilosophisch stimmen dürfte –, dann ist die Zwangsexmatrikulation mit Sicherheit das Mittel, das *nicht* helfen wird, und zwar weder dem Studenten, noch der Hochschule und dem Staat, die sein Studium bislang, so oder so, finanziert haben. Vielmehr müßte man sich entweder um den Studenten kümmern – es gibt da viele Möglichkeiten, oft hilft ein einziges Gespräch –, oder man müßte etwas Geduld aufbringen, im Vertrauen darauf, daß der Student sich selber zu helfen weiß oder seine Freunde ihm helfen – oder ganz einfach das ihm helfen wird, dessen man ihn durch die Zwangsexmatrikulation gerade beraubt: die Zeit, die manche Wunden heilt.

Schließlich dürfte es sich seit einiger Zeit herumgesprochen haben, daß es weder die unbegabtesten noch die für die Gesellschaft irrelevantesten Menschen sind, bei denen das zitierte Mitglied des Zulassungsausschusses der Juristischen Fakultät, wenn anders das Zitat stimmt, zum unzulässigen Gerichtsspruch sich veranlaßt sehen wird, daß da im »individuellen Bereich etwas nicht stimmt« und die Zulassung des Studenten daher aufzuheben ist. Schon um der Forschung und der Gesellschaft willen, der zu dienen sie vorgeben, dürfen deshalb solche Härtepostulate, die zu Hause sein mögen in den Burschenschaften, in unsere Universität nicht eindringen: das Studium, wie auch das Leben, ist keine Mensur.

P. S. Diese Sätze wurden Ende Juni vor Studenten gesprochen. Sollte sich der freundliche Leser über ihre Banalität aufhalten, so sei ihm nicht verhehlt, daß sie auch dem Verfasser peinlich bewußt ist. Er publiziert den Text in der traurigen Überzeugung, daß es schon wieder nötig ist, derlei in Erinnerung zu rufen, und in der Annahme, daß die Sätze vielleicht festgehalten zu werden verdienen als Dokument jener Zustände, die solche Notwendigkeit erschaffen – zugleich als bescheidenes Zeichen des festen Unwillens, mit ihnen sich abzufinden.

Eine weitere Stellungnahme Szondis zu diesem Thema erschien im »FU-Spiegel«, der offiziellen Zeitschrift der Studentenschaft der Freien Universität (Nr. 53, Juli 1966, p. 4), in dem Heft, das dem Sit-in und seinen Gründen gewidmet war.

Der Wissenschaftsrat, die Freie (d. h. freie) Universität und die Zwangsexmatrikulation
oder
Was Empfehlungen sind und was man aus ihnen machen kann.

Aus Zeitungsartikeln und Stellungnahmen erfuhr man, daß der Wissenschaftsrat sog. Beschlüsse gefaßt hat, die eine sog. Studienreform mit Hilfe der wohl so zu nennenden, aber vom Wissenschaftsrat kein einziges Mal so genannten Zwangsexmatrikulation einführen sollen.

Die Westdeutsche Rektorenkonferenz hat mit gutem Grund darauf aufmerksam gemacht, daß diese angeblichen Beschlüsse nur Empfehlungen sind und vom Wissenschaftsrat selbst als solche verstanden und als solche bezeichnet werden. Auch die Fakultäten werden sie lediglich als Empfehlungen ansehen können, sie zur Kenntnis nehmen und diskutieren.

Dies ungeachtet der Tatsache, daß das also reformierte Studium, das besser ein uniformiertes zu nennen wäre, sowohl vom Herrn Bundespräsidenten als auch von jener Zeitung erstrebt wird, die ihren Namen von einer Welt haben muß, die wir nicht haben wollen.

Die parteipolitischen Chancen dieser hochschulpolitischen Reform dürfen um so weniger bagatellisiert werden, als sie – in ebenso seltsamer wie beunruhigender Koinzidenz – zugleich der Rechten ihr antiintellektuelles »Leitbild« einer stramm ausgerichteten Universität und der Sozialdemokratie deren vermeintlich egalitäre, in Wahrheit nur die Begabungen mit der Gartenschere egalisierende Vorstellung vom Einheitsstudenten und Einheitslehrer teilweise zu verwirklichen verspricht.

Maßnahmen wie die empfohlenen zu treffen oder nicht zu treffen, ist indessen *bis auf weiteres* einzig und allein Sache der Fakultäten. Es steht zu hoffen, daß die Zeiten nicht wiederkehren werden, da die Universitäten dieses Landes der Autonomie verlustig gingen, d. h. der Macht, zu bestimmen, was Forschung und Lehre von ihnen verlangen – Zeiten, in denen sie dem Staat und dessen willfährigen Propagandainstrumenten anheimgegeben wurden und sich selber anheimgaben.

Alle Macht ist vom Übel, wird sie nicht von Verantwortung getragen. Es ist gut, daß das Wort in manchen Erklärungen und Kommentaren gefallen ist. Aber Verantwortung erhält ihr Objekt und ihren Sinn erst aus dem Kontext. Die Westdeutsche Rektorenkonferenz hat in ihrer Erklärung vom 13. Juni daran erinnert, daß die Hochschullehrer, die Fakultäten und die Senate verantwortlich sind »für den Fortschritt der Forschung und die Wirksamkeit des akademischen Unterrichts«. Daran ist festzuhalten. Anders meint es dagegen jene Zeitung, in der es am 11. Juni hieß, der Wissenschaftsrat habe mit seinen Empfehlungen den Weg gewiesen: »die Entscheidung ist jetzt in die Verantwortung der Hochschulen gestellt«. Das nämlich insinuiert, die Hochschulen würden unverantwortlich handeln, gingen sie nicht den empfohlenen Weg. Werden Empfehlungen in dieser Weise kommentiert, so ist es kein Kommentar mehr, sondern Einschüchterung. Die Methode kennt man, aber bange machen gilt nicht.

Vielmehr ist es an jedem einzelnen Mitglied der Universität – des Lehrkörpers wie der Studentenschaft –, indem es nicht für Beschluß nimmt, was Empfehlung ist und zum »durchzuführenden« Beschluß erst durch die Bereitschaft jener werden kann, die ihrer Freiheit aus freien Stücken sich begeben, die Wiederkehr einer gleichfalls selbstgewollten, selbstverschuldeten tausendjährigen Unfreiheit zu verhindern.

Szondi scheint noch eine weitere ausführliche Stellungnahme zu dem Thema geplant zu haben; es existiert ein Manuskript mit dem ersten Satz einer solchen. Im folgenden werden die Materialien dazu wiedergegeben.
Ein Exemplar der Broschüre mit den »Empfehlungen« ist von Szondi mit vielen Unterstreichungen, Fragezeichen, »sic!« und Randbemerkungen versehen. Daraus folgende Beispiele:

Im Blick auf die Ausweitung der Funktionen der Wissenschaft wurde zugleich deutlich, daß die bisherige Vorstellung einer für alle Studenten eines Faches einheitlichen Ausbildung den sachlichen Anforderungen nicht mehr gerecht wird. *? ⟷ die Einheitlichkeit des sog. Studiums (8 Sem)* (p. 13)
[...] erhalten die an der Forschung interessierten und für sie befähigten Studenten in einem Aufbaustudium die Möglichkeit, ihre Fähigkeiten zu entfalten. *Warum erst nach dem 8. Semester?* (p. 14)
Die obligatorischen Lehrstoffe müssen [...] so bemessen werden, daß sie Kräfte und Möglichkeiten der Studenten nicht überfordern. *Wer ist das: »der« Student?* (p. 21)
Dies wird die Aufgabe der Fakultäten oder der zuständigen Fachgremien sein. *Wenn sie mit der Neuordnung überhaupt einverstanden sind!* (p. 23)
[...] es wird jetzt auch möglich, das Studium zeitlich zu begrenzen, [...] *aber nötig und erlaubt?* (p. 27)
Die Studenten haben darauf Anspruch, nicht länger als unbedingt nötig in der Ausbildung festgehalten und damit von der Selbständigkeit, die erst die Berufsausbildung vermittelt, ferngehalten zu werden. (die Selbständigkeit) *die ihnen allererst durch diese Reform genommen wird* (p. 27)
Die Begrenzung des Studiums wirft zahlreiche Einzelfragen

auf. *Vor allem aber eine prinzipielle, die hier gar nicht diskutiert wird!* (p. 28)
[...] muß geprüft werden, wie sich die neuen Studienpläne und die veränderten Arbeitsbedingungen auf den Bedarf an Stellen für wissenschaftliches und sonstiges Personal und an Sachmitteln auswirken. *würden! Verräterischer Indikativ!* (p. 34)
Sie sichern den Studenten die Aufgeschlossenheit für den kritischen und interpretierenden Umgang mit literarischen Zeugnissen. *Kunstwerke sind keine Zeugnisse* (p. 57)
Dem Studenten wird am Ende jedes Halbjahres erfolgreiches Studium bescheinigt. *Und wenn es nicht erfolgreich ist?* (p. 59)

Ferner legte Szondi eine Sammlung von Zitaten zu diesem Thema an:

STUDIUM AUF VIER JAHRE BEGRENZT
(Untertitel:) WIRKSAME FÜHRUNG
[...] Der Wissenschaftsrat will mit dieser Neuordnung vor allem die überlange Dauer des Studiums beenden und den Mißstand ausmerzen, daß zahlreiche Studenten nach längerem Studium die Hochschule ohne Abschluß verlassen. [...]

Berliner Morgenpost 11. Juni 1966.

ZEITZÜNDER AM AKADEMISCHEN FUNDAMENT von Ewald Weitz
(Über das »Studium« genannte Grundstudium:)
Dieses Studium will zwar zu selbständigem kritischem Denken durch Wissenschaft erziehen, nicht aber einer diffusen Wissenschaftlichkeit dienen. [...]

Tagesspiegel 11. Juni 1966

DER WISSENSCHAFTSRAT BEGRENZT DAS STUDIUM AUF VIER JAHRE
(Das gesamte Studium gliedert sich in drei verschiedene »Phasen«:) In der ersten sollten die Studenten wirksam geführt werden, [...]

Frankfurter Allgemeine Zeitung 11. Juni 1966.

REFORM NICHT NUR GEGEN DIE STUDENTEN
(Über die »Reformdiskussion«:) Sie hat auch an manchen Hochschulen zu Konsequenzen geführt, doch ist die Lage unübersichtlich, und Empfehlungen des Wissenschaftsrates könn-

ten bei der Autorität dieses Gremiums die Bedeutung von Richtlinien gewinnen. [. . .]

Süddeutsche Zeitung 10. Juni 1966
(vor Veröffentlichung der ›Empfehlungen . . .‹!)

* * *

Die Sprache des Wissenschaftsrates

Im Vollzug der Aufgabe bei der Begehung der Hochschulen zu tragfähigen Lösungen und die Aufgabenstellung des Lehrkörpers die als übergeordnete Aufgabe ständig gestellt ist Maßnahmen Maßnahmen den einzelnen zur Entfaltung seiner geistigen und sittlichen Kräfte zu bringen die Ursachen auszuräumen daß möglichst geringe Reibungsverluste entstehen eine wirksame Führung stoffliche Ausuferung einschneidende Konsequenzen durchgreifende Maßnahmen die Sicherung des Grundwissens beschleunigen die auf den ärztlichen Nachwuchs zugeschnittene Ausbildung

* * *

Wilhelm von Humboldt, Werke in fünf Bänden. Hrsg. A. Flitner und K. Giel. Band IV: Schriften zur Politik und zum Bildungswesen. Darmstadt 1964.
Maßregel:
Bei der jetzigen Lage der Sache scheint in der That nichts übrig zu bleiben, als entweder die Stände wieder zuzuziehen (eine *Maßregel,* die ich selbst nur bei Benutzung eines günstigen Zeitpunktes rathsam halten kann) oder darauf Verzicht zu thun, die Königliche Zusicherung, die hiesigen wissenschaftlichen Anstalten mit wahrem Eigenthum in Landgütern zu dotiren, zu erfüllen. (In: Denkschriften an Dohna zur Widerlegung der Einwände gegen die Dotation der Universität Berlin. Schrift vom 21. 5. 1810. S. 275)
Für den Volksunterricht sind Anstalten gegründet und *Maß-*

regeln getroffen, die nothwendig eine große und durchgreifende Reform desselben bewirken müssen, von welchen schon jetzt heilsame Folgen sichtbar sind und die, wenn sie auch jetzt nur erst in Preussen existiren, auch in die übrigen Provinzen übergehen sollen. (In: Über Reformen im Unterrichtswesen. An Hardenberg. 22. 6. 1810. S. 297)
(Humboldt, der ›Chef der Sectionen für den Cultus, öffentlichen Unterricht und das Medicinal-Wesen‹ ist, beschwert sich in seinem Entlassungsgesuch, daß er und die anderen ›Chefs der Sectionen‹ neuerdings nur noch in den ihnen zugewiesenen Ressorts stimmberechtigt sind, in allen anderen Bereichen jedoch nur noch beratende Funktion besitzen. Er schreibt über die Sections-Chefs:)
Werden dieselben nun im Staatsrath den bloßen Staatsräthen gleichgesetzt, so verlieren sie nothwendig und ohne daß man es hindern kann, auch als Sections-Chefs alles Ansehen und alles Gewicht; die Minister müssen mehr in ihre Verwaltung eingreifen und da sie dieselbe noch nicht ganz übernehmen und nicht von jedem Détail unterrichtet seyn können, so muß die Sache darunter leiden; es findet weder wahres gemeinschaftliches Handeln, noch abgesondertes in rein geschiedenen Grenzen statt, und die wahre Verantwortlichkeit, an welcher allein Ew. Königlichen Majestät gelegen sein kann, und die unmöglich darin bestehen darf, daß jeder seine einzelnen beschränkten *Maßregeln* vertritt, sondern darin, daß er für eine mit Freiheit verwaltete Parthie einsteht, fällt von selbst hinweg. (In: Entlassungsgesuch an den König. 29. 4. 1810. S. 251)
(Hervorhebungen von Szondi)

* * *

»Die Schwierigkeiten hängen vor allem mit einem der Grundzüge der deutschen wissenschaftlichen Hochschulen zusammen, nämlich dem Studenten zuzumuten, sein Studium in eigener Verantwortung zu planen und zu bewältigen. Nicht zuletzt diesem Prinzip verdankte die deutsche Universität in der Vergangenheit ihre Leistungen. [...] Man stellt es dem Studenten anheim, sich selbst einzuschätzen, verschiebt im übrigen die Auslese auf das Examen und findet das Risiko, in dem das Studium damit steht, durch den hohen Wert der akademischen

Freiheit gerechtfertigt. Wenn dieses Verfahren sich auch in der Vergangenheit bewährt hat, so ist doch sicher, daß die wissenschaftliche Hochschule unter den heutigen und den künftigen Bedingungen des Studiums sich die bisherige Praxis fernerhin nicht leisten kann.«
(Wissenschaftsrat, Empfehlungen . . ., p. 17 und 19)
»Ich würde daher ›Dekadenz‹ so definieren: als die Unfähigkeit bzw. Unwilligkeit eines Volkes, die sachlich akuten Aufgaben zu sehen und deren Gesetze in sich selbst rational, zweckhaft und systematisch zur Geltung zu bringen, sei es auch unter bewußter Opferung von Werten, deren Festhalten mit der Aufgabe sachlich unverträglich wäre. Dies ist der Weg zur Größe.«
(Arnold Gehlen, Formen und Schicksale der Ratio. Blätter für Deutsche Philosophie 17 [1943/44], p. 42)

* * *

Schon wiederholt ist die Forderung gestellt worden, am eindringlichsten von Heimsoeth, die deutsche Philosophie des 15. und 16. Jahrhunderts aus der verfälschenden Unterordnung unter das Wissensideal der westlichen Aufklärung zu befreien und ihre eigene, weit über die ›Vorbereitung‹ der neuzeitlichen Wissenschaft hinausreichende metaphysische Kraft in das Licht der Geschichte zu stellen. Odebrecht stellt seine Arbeit (Nikolaus von Cues und der deutsche Geist. Berlin 1934) in den Dienst dieser allgemeinen Aufgabe. Es gilt überhaupt in der Entwicklung der Philosophie die volkliche Eigenart zu begreifen und in der gedanklichen Systematik die ›innere Spannung zwischen formschöpferischer Stimmung und organisiertem Problemgehalt‹ als die wesentliche Mitte philosophischen Geistes aufzuspüren. [. . .]
(Joachim Ritter, Anzeige von Odebrecht, Nikolaus von Cues und der deutsche Geist. Blätter für Deutsche Philosophie 8 [1934/35] S. 185)

Das Zitat von Joachim Ritter ist offenbar dadurch begründet, daß die »Zeit« am 1. 7. 66 berichtete, er gehöre zu den Hauptverantwortlichen für die Empfehlungen des Wissenschaftsrates, und Szondi auf eine Anfrage beim Generalsekretär des Wissenschaftsrates erfuhr, Ritter habe tatsächlich an der Ausarbeitung mitgewirkt. (Brief von

Szondi vom 27. 7. 66 und Antwort des Generalsekretärs vom 1. 8. 66).[3]

3 Quellen: Wissenschaftsrat: Empfehlungen zur Neuordnung des Studiums an den wissenschaftlichen Hochschulen – verabschiedet in der Vollversammlung des Wissenschaftsrates am 14. Mai 1966;
Die Welt 11. 6. 66, 13. 6. 66, 14. 6. 66, Der Tagesspiegel 22. 6. 66, Der Tagesspiegel 23. 6. 66, Die Zeit 1. 7. 66, Der Tagesspiegel 6. 7. 66, Die Welt 16. 7. 66, Süddeutsche Zeitung 23./24. 7. 66, 30./31. 7. 66;
Hektographierte Stellungnahmen zu den Empfehlungen von: Westdeutsche Rektorenkonferenz, Verband Deutscher Studentenschaften (VDS), Philosophischer und Mathematisch-Naturwissenschaftlicher Fakultätentag, Vereinigung der Hochschulgermanisten im deutschen Germanistenverband, Verband deutscher Kunsthistoriker, 44 Mitglieder der Philosophischen Fakultät der Universität München, Philosophische Fakultät der FUB, Seminar für Indische Philologie der FUB, Romanisches Seminar der FUB, Versammelte Studentenschaft der FUB auf dem Sit-in am 22./23. Juni 1966;
FU-Spiegel 53, Juli 1966.

3. Sozialistischer Deutscher Studentenbund (SDS) Wintersemester 1966/67 / Sommersemester 1967

Am 26. 11. 66 fand eine Veranstaltung statt, bei der Rektor Lieber, wie er beim Sit-in am 22./23. Juni versprochen hatte (vgl. Nr. 2), mit den Studenten über die Studienreform diskutieren wollte. Das Verhalten einer Gruppe, die sich »Provisorisches Komitee zur Vorbereitung einer studentischen Selbstorganisation« nannte, führte dazu, daß der Rektor die Versammlung verließ: Mitglieder dieser Gruppe hatten ihm das Mikrofon weggenommen.

Der Rektor schrieb am 28. 11. 66 an den AStA-Vorsitzenden: »Auf der Veranstaltung des AStA am 26. 11. 66 im Hörsaal A des Henry-Ford-Baues haben einige radikale Studenten unter der Bezeichnung ›Provisorisches Komitee zur Vorbereitung einer studentischen Selbstorganisation‹ die Leitung der Diskussion an sich gerissen und den Abbruch der Veranstaltung erzwungen. Ich bitte Sie hierdurch um Mitteilung, ob Ihnen die Mitglieder dieses Komitees bekannt sind und gegebenenfalls um Namensangabe.«

Aufgrund des Flugblattes, das am 26. 11. von jenem Komitee verteilt worden war, stellten die Professoren Hirsch, Heinitz, Schenck und Lüers Strafanzeige gegen Unbekannt wegen Beleidigung. Der Passus des Flugblattes, von dem sie sich beleidigt fühlten, lautete: »Wir müssen uns herumschlagen mit schlechten Arbeitsbedingungen, mit miserablen Vorlesungen, stumpfsinnigen Seminaren und absurden Prüfungsbestimmungen. Wenn wir uns weigern, uns von professoralen Fachidioten ausbilden zu lassen, bezahlen wir mit dem Risiko, das Studium ohne Abschluß beenden zu müssen.«

Aufgrund jener Strafanzeige und weil die Staatsanwaltschaft vermutete, daß die Verfasser Mitglieder des SDS[1] seien, fand am 26. 1. 67 eine polizeiliche Durchsuchung des SDS-Büros statt, wobei unter anderem die Mitglieder-Kartei beschlagnahmt wurde. Am 27. 1. gab es in der Freien Universität eine Protestversammlung gegen diese Maßnahme. Bei dieser Gelegenheit gab Szondi eine Erklärung ab, die sich auf die erwähnten Vorfälle sowie auf einen weiteren bezog:

Während dieser Zeit wurden mehrere Protestdemonstrationen von Studenten gegen den Vietnam-Krieg veranstaltet. Am 6. 12. 66 sprach auf Einladung des RCDS[2] der südvietnamesische Botschafter im Auditorium Maximum der Freien Universität. Proteste einer Gruppe, die teilweise aus Mitgliedern des SDS bestand, führten zum Abbruch der Veranstaltung. In einem Brief des RCDS an den Rektor,

1 Sozialistischer Deutscher Studentenbund, ursprünglich Studentenverband der SPD, seit 1960 als linksradikal ausgeschlossen, deren Studentenverband bis Juni 1972 der SHB (Sozialdemokratischer Hochschulbund) war.

2 Ring Christlich-Demokratischer Studenten, Studentenverband der CDU.

in dem die Vorfälle beschrieben werden, heißt es: »Der Botschafter hat jetzt wieder Ruhe und versucht, einige weitere Fragen zu beantworten. Allerdings läßt er einem Kommilitonen zu, daß er drei Fragen stelle. Dieser ist noch nicht identifiziert.«
Szondis Erklärung lautete:

Jede Gesellschaft hat die Polizei, die sie verdient; die Polizei entspricht einer Mentalität und einer Handlungsweise; gegen *sie* ist zu protestieren, *sie* gilt es zu ändern.
So protestiere ich dagegen, daß Magnifizenz Lieber am 28. Nov. 1966 den AStA-Vorsitzenden nach den Namen der Studenten gefragt hat, deren Radauszene am 26. Nov. zum Abbruch einer Diskussion geführt hatte. Solche Angebertätigkeit gehört schwerlich zu den satzungsmäßigen Aufgaben des AStA.
Ich protestiere ferner dagegen, daß einige meiner Kollegen einen Ausdruck wie »professorale Fachidioten« ernst nahmen oder doch als Vorwand, um zum Kadi zu laufen.
Und ich protestiere dagegen, daß der Vorsitzende des RCDS in seinem Brief an Magnifizenz Lieber vom 15. Dez. 1966 geschrieben hat, der Kommilitone, dem der südvietnamesische Botschafter zugelassen hat, »daß er drei Fragen stelle«, sei »noch nicht identifiziert«. Ich protestiere dagegen, daß die Universitätsverwaltung dies in ihren »Informationen«, Jahrgang 2 Nr. 6, publiziert hat, ohne darauf hinzuweisen, daß eine solche Privatermittlung erstens eine Amtsanmaßung, zweitens eine mutwillige Verlängerung der Studienzeit darstellt.
Solange solche Maßnahmen möglich sind, wie die des Rektors, die einiger Professoren und die des RCDS-Vorsitzenden, haben wir uns nicht zu wundern, daß die Polizei so handelt, wie sie gestern abend gehandelt hat.

In Presse-Berichten über die Veranstaltung wurde Szondis Erklärung neben Stellungnahmen der Professoren Gollwitzer und Flechtheim erwähnt.
Da für die Vorgänge bei der Diskussion mit dem Rektor am

26. 11. 66 und mit dem südvietnamesischen Botschafter am 6. 12. 66 Mitglieder des SDS, freilich nicht dieser selbst, verantwortlich gemacht wurden, diskutierte der Akademische Senat auf seiner Sitzung am 11. 1. 67 darüber, ob dem SDS die Förderungswürdigkeit aberkannt werden solle. Er beschloß, dies noch nicht zu tun, da der SDS sich inzwischen von den Vorfällen distanziert und beschlossen habe, gegebenenfalls »verbandsschädigende« Mitglieder auszuschließen. Der Senat beschloß jedoch, die Förderungswürdigkeit des SDS neu zu diskutieren, sobald das Verhalten von SDS-Mitgliedern dazu Anlaß gebe.
Dieser Fall trat nach Ansicht des Akademischen Senats nach den Vorgängen beim Besuch des amerikanischen Vizepräsidenten Hubert H. Humphrey ein. Humphrey hielt sich am 6./7. 4. 67 in Berlin auf. Verschiedene Gruppen protestierten gegen die Anwesenheit eines der Mitverantwortlichen des Vietnam-Krieges in Berlin. Die Polizei und die Berliner Presse meldeten, daß von einer linken Gruppe ein Attentat auf den Vizepräsidenten geplant gewesen sei, und daß man den dafür vorgesehenen Sprengstoff gefunden habe. Wie später die Berliner Presse zugab, hatte die Polizei allerdings nur Rauchkerzen, rote Farbe, Puddingpulver und ähnliches gefunden. Die »Kommune I« – eine Gruppe innerhalb des SDS, die »neue Freiheitsformen in der Auflösung aller privaten Verhältnisse suchte« (»Der Spiegel« 27/1967) und die auch für die Vorfälle am 26. 11. 66 und am 6. 12. 66 verantwortlich gewesen war – hatte, da sie den Besuch Humphreys für »groben Unfug« hielt, vorgehabt, die Polizeiabsperrung mit Hilfe der Rauchkerzen zu verwirren und zu durchbrechen, sodann Vizepräsidenten und Vizepräsidentenauto mit Farbbeuteln, Pudding, Buttercrèmetorte, Mehl und ähnlichem zu bewerfen und anschließend Lieder zu singen, etwa »Backe, backe Kuchen«.
Eine Liste von 39 bei Gelegenheit des Humphrey-Besuches verhafteten Personen wurde vom Regierenden Bürgermeister der Universität übergeben. Gegen sechs Kommune-Mitglieder wurden Disziplinarverfahren eingeleitet. Am 24. 4. 67 beriet der Senat erneut über die Förderungswürdigkeit des SDS und forderte den Verband auf, eine Stellungnahme zum Verhalten der Kommunarden abzugeben, bzw. sie auszuschließen. Der SDS erwiderte, die Aktion gegen Humphrey sei »Gegenstand kontroverser Diskussion« und der SDS keine »stalinistische Organisation«; was »verbandsschädigendes Verhalten« sei, werde nicht durch das Hausrecht der Freien Universität bestimmt.
Kurz darauf allerdings wurden die Kommune-Mitglieder doch aus dem SDS ausgeschlossen, freilich nicht wegen des geplanten Pudding-Attentats allein, sondern wegen der Flugblätter 1–5, die die Kommune verfaßt und mit »SDS« unterzeichnet hatte. Das erste dieser Flugblätter war eine Art Aufforderung, eine Diskussionsveranstaltung mit dem Rektor in eine Protestveranstaltung umzuwandeln; das zweite ein Aufruf an die »Studenten, Lahmärsche und Karrieremacher«, denen empfohlen wurde: »Macht keine Wandzeitungen! Aber wenn ihr schon Wandzeitungen macht, denkt an das akademische Niveau (10 Fremdwörter/qm) Macht keine Sprechchöre! Macht

das Tor auf![3] [...] Vögelt nicht im Audimax! [...] Lebt geräuschlos! Ruhe ist akademisch! Bleibttreu, bleibtdeutsch, bleibtdoof! [...]« Flugblatt Nr. 3 war betitelt »ein Sommermärchen«, es enthielt die Geschichte der Auseinandersetzung zwischen Studenten und Rektor in der letzten Zeit als Märchen; der Besuch Humphreys etwa wurde so dargestellt: »Eines Tages war der Vizekönig des großen Kaisers, des Kriegsüberziehers, des Bauernmörders und Völkerschlächters, des Armeleutehoffnungsräubers geliebter Gast in unserem kleinen Reich.« Das vierte Flugblatt war ein Brief an Rektor Lieber, in dem ihm z. B. gesagt wurde: »Wenn du als weißer Riese[4] durch die Hörsäle rauschst, muß die Universität endlich geschlossen werden. [...] Läuft der Betrieb in dieser Bude dann immer noch in verstaubter Weise weiter, sehen wir uns genötigt, 10 000 (in Worten: zehntausend) Rotgardisten einzuschleusen.« Flugblatt Nr. 5 gab sich als Versuch, zu beweisen, daß der SDS nicht förderungswürdig sei, etwa durch Beleidigungen von der Art »der Akademische Senat besteht aus alten, autoritären Scheißern, die dem Ständestaat nachtrauern« oder »Albertz und Duensing[5] sind Homos (und Lieber ist eifersüchtig).«
Solche Flugblätter betrachtete der SDS als Ausdruck von »voluntaristischen Praktiken«, »Pseudolinken«, »existentialistischer Entscheidung«, »theorielosem Aktivismus«, »praxisfremder Theorie«, »Realitätsflucht« etc. und schloß die Kommune aus dem SDS aus. Am 31. 5. 67 beschloß der Akademische Senat, die Aberkennung der Förderungswürdigkeit des SDS einzuleiten.[6]
Vor seiner Vorlesung am 1. 6. 67 gab Szondi folgende Erklärung ab:

Der Akademische Senat hat gestern beschlossen, ein Verfahren einzuleiten, das die Aberkennung der Förderungswürdigkeit des SDS zum Ziel hat. Begründet wird dieser Beschluß mit Fakten, die uns allen bekannt sind: Sprengung einer Diskussion, anstößige Flugblätter, Rauchbomben.

3 Deutsche Wiedervereinigungsparole, in der das Brandenburger Tor gemeint ist.
4 Damals mit viel Reklame eingeführtes Waschmittel. – Anlaß: der Rektor machte in großen Vorlesungen Propaganda für ein gegen den AStA gerichtetes Votum in einer Urabstimmung.
5 Der Regierende Bürgermeister und der Polizeipräsident in Berlin zu jener Zeit.
6 Quellen:
Der Tagesspiegel 27. 1. 1967, Die Welt 28. 1. 1967, Der Spiegel 7/1967, 27/1967; Informationen der Universitätsverwaltung, Hrsg. Der Rektor der Freien Universität Berlin Jg. 2 Nr. 6 Dez. 1966, Die Situation an der Freien Universität zu Beginn des Sommersemesters 1967 – Bericht des Rektors Professor Lieber (Flugblatt), Broschüre der Kommune I, Flugblätter des AStA, des SDS, der Kommune I und anderer Gruppen.

Für keinen dieser Tatbestände ist meines Wissens der SDS als Vereinigung verantwortlich zu machen, wenn auch die beteiligten Studenten Mitglieder des SDS gewesen sein mögen – die zur Hauptsache Verantwortlichen sind es übrigens auf Beschluß des SDS-Vorstands nicht mehr.
Dennoch wurde gestern das Verfahren eingeleitet.
Es ist ein schwacher Trost, zu wissen, daß den zehn Stimmen, die diesen Beschluß nun zu verantworten haben, neun Stimmen gegenüberstanden und daß unter diesen neun Stimmen die des Rektors und die des Dekans der Philosophischen Fakultät gewesen sein dürften.
Lassen Sie mich, meine Damen und Herren, meiner Überzeugung Ausdruck geben, daß die neun Mitglieder, die gegen die Aberkennung gestimmt haben, es taten, nicht weil sie *für* Radau, Beschimpfung und Puddingbomben sind, sondern weil ihnen die Freiheit der Meinungsäußerung wichtiger als der Ärger über Zwischenfälle ist.
Und nicht minder ist es meine Überzeugung, daß die zehn Senatsmitglieder, die für die Einleitung des Verfahrens gestimmt haben, es taten, nicht weil *sie gegen* Radau, Beschimpfung und Puddingbomben sind, sondern weil sie die Gelegenheit nicht versäumen wollten, einer Studentengruppe, deren politisches Programm ihr Mißfallen findet, den Mund zu stopfen.
Sie haben sich damit an der Freiheit vergriffen, von der unsere Universität und die Wissenschaft leben. Ich bin seit gestern, lassen Sie mich das ganz deutlich sagen, darauf gefaßt, daß zu den Opfern dieser zehn Vorkämpfer der Restauration, wenn ihnen nicht Einhalt geboten wird, bald nicht nur Studentenvereinigungen, sondern auch Professoren zu zählen sein werden – und sei es auch nur, weil der eine oder der andere, und vielleicht werde ich dieser andere sein, die Dahlemer Luft nicht mehr wird atmen wollen.

4. Gutachten zur »Aufforderung zur Brandstiftung« Juli 1967 / März 1968

Auf die Flugblätter 1-5 der Kommune I (vgl. Nr. 3) folgten die Flugblätter 6-9, die sich sämtlich auf den kurz zurückliegenden Brand im Brüsseler Warenhaus L'Innovation bezogen, bei dem 300 Menschen ums Leben gekommen waren. Die Texte der Flugblätter 6-9 lauteten:

»Neue Demonstrationsformen in Brüssel erstmals erprobt
In einem Großhappening stellten Vietnamdemonstranten für einen halben Tag kriegsähnliche Zustände in der Brüsseler Innenstadt her.
Diese seit Jahren größte Brandkatastrophe Belgiens hatte ein Vorspiel. Zur Zeit des Brandes fand in dem großen Kaufhaus A l'Innovation (Zur Erneuerung) gerade eine Ausstellung amerikanischer Waren statt, die deren Absatz heben sollte. Dies nahmen eine Gruppe Antivietnamdemonstranten zum Anlaß, ihren Protesten gegen die amerikanische Vietnampolitik Nachdruck zu verleihen. Ich sprach mit dem Mitglied der pro-chinesischen Gruppe »Aktion für den Frieden und Völkerfreundschaft« Maurice L. (21): »Wir vermochten uns bisher mit unseren Protesten gegen die amerikanische Vietnampolitik nicht durchzusetzen, da die hiesige Presse durch ihre Berichterstattung systematisch den Menschen hier den Eindruck vermittelt, daß ein Krieg dort unten notwendig und zudem gar nicht so schlimm sei. Wir kamen daher auf diese Form des Happenings, die die Schwierigkeiten, sich die Zustände beispielsweise in Hanoi während eines amerikanischen Bombenangriffs vorzustellen, beheben sollte.«
Der Verlauf des Happenings spricht für eine sorgfältige Planung: Tage zuvor fanden kleinere Demonstrationen alten Musters vor dem Kaufhaus mit Plakaten und Sprechchören statt und in dem Kaufhaus wurden Knallkörper zwischen den Verkaufstischen gezündet. Das Personal wurde so an derartige Geräusche und Zwischenfälle gewöhnt. Die Bedeutung dieser Vorbereitungen zeigten sich dann bei Ausbruch des Feuers, als das Personal zunächst weder auf die Explosionen, noch auf Schreie und Alarmklingeln reagierte. Maurice L. zu dem Brand: »Sie werden verstehen, daß ich keine weiteren Angaben über die Auslösung des Brandes machen möchte, weil sie auf unsere Spur führen könnten.« Das Feuer griff sehr schnell auf die übrigen Stockwerke über und verbreitete sich dann noch in den anliegenden Kaufhäusern und Geschäften, da die umgebenden Straßen für die anrückende Feuerwehr zu eng waren. Der Effekt, den die Gruppe erreichen wollte, dürfte wohl ihren Erwartungen voll entsprochen haben. Es dürften im ganzen etwa 4000 Käufer und Angestellte in die Katastrophe verwickelt sein. Das Kaufhaus glich einem Flammen- und Rauchmeer; unter den Menschen brach eine Panik aus, bei der viele zertrampelt wurden; einige fielen wie brennende Fackeln aus den

Fenstern; andere sprangen kopflos auf die Straße und schlugen zerschmettert auf; Augenzeugen berichteten: »Es war ein Bild der Apokalypse«; viele erstickten schreiend. Das Riesenaufgebot an Feuerwehr und Polizei war wegen der Neugierigen und der ungünstigen Raumverhältnisse außerordentlich behindert – ihre Fahrzeuge waren mehrmals in Gefahr, in Brand zu geraten.
Maurice L.: »In der vorigen Woche hatten wir eine anonyme Bombendrohung an das Kaufhaus durchgegeben, um festzustellen, welche Maßnahmen die Polizei und welche Sicherungsmaßnahmen das Kaufhaus ergreifen.« – Da zu erwarten war, daß die Betroffenen die Ursache des Brandes mißdeuten würden, hatte die Gruppe nach Maurice L. schon Tage zuvor und vor allem am Tag des Großhappenings Flugblätter verteilt, die auf die Zustände in Vietnam hinwiesen und empfahlen, die Ausstellung im Kaufhaus A l'Innovation »hochgehen« zu lassen. Nach sieben Stunden erst war das Großfeuer unter Kontrolle – der Schaden beträgt nach vorsichtigen Schätzungen ca. 180 Millionen Mark.
Über die Ursachen des Brandes wurden von der Polizei bisher noch keine genauen Angaben gemacht. Obwohl alle Anzeichen für dieses Großhappening sprechen, wie es Maurice L. schilderte, wagen Polizei und Öffentlichkeit bisher nicht, die Antivietnamdemonstranten offen zu beschuldigen, da dies einem Eingeständnis einer erfolgten weitgehenden Radikalisierung der Vietnamgegner gleichkäme. Es könnte zudem bewirken, daß andere Gruppen in anderen Städten wegen der Durchschlagskraft dieses Großhappenings nicht nur in Belgien zu ähnlichen Aktionen ermuntert würden. Und selbst wenn sich durch eine Unvorsichtigkeit der Demonstranten die Urheberschaft dieser obengenannten Gruppe eindeutig herausstellen würde, dürfte dies nicht dazu führen, daß die Polizei das Ergebnis veröffentlicht, da der obige Effekt der Ermunterung anderer Gruppen eine solche Veröffentlichung inopportun erscheinen läßt.

Kommune I«

»*Neu! Unkonventionell! Neu! Unkonventionell! Neu! Unkonven*
Warum brennst du, Konsument?
Neu! Atemberaubend! Neu! Atemberaubend! Neu! Atemberaubend!

Die Leistungsfähigkeit der amerikanischen Industrie wird bekanntlich nur noch vom Einfallsreichtum der amerikanischen Werbung übertroffen: Coca Cola und Hiroshima, das deutsche Wirtschaftswunder und der vietnamesische Krieg, die Freie Universität und die Universität von Teheran sind die faszinierenden und erregenden Leistungen und weltweit bekannten Gütezeichen amerikanischen Tatendranges und amerikanischen Erfindergeists; werben diesseits und jenseits von Mauer, Stacheldraht und Vorhang für freedom und democracy.
Mit einem neuen gag in der vielseitigen Geschichte amerikanischer Werbemethoden wurde jetzt in Brüssel eine amerikanische Woche eröffnet: ein ungewöhnliches Schauspiel bot sich am Montag den Einwohnern der belgischen Metropole:
Ein brennendes Kaufhaus mit brennenden Menschen vermittelte zum

erstenmal in einer europäischen Großstadt jenes knisternde Vietnamgefühl (dabeizusein und mitzubrennen), das wir in Berlin bislang noch missen müssen.
Skeptiker mögen davor warnen, »König Kunde«, den Konsumenten, den in unserer Gesellschaft so eindeutig Bevorzugten und Umworbenen, einfach zu verbrennen.
Schwarzseher mögen schon unsere so überaus komplizierte und kompliziert zu lenkende hochentwickelte Wirtschaft in Gefahr sehen.
So sehr wir den Schmerz der Hinterbliebenen in Brüssel mitempfinden: wir, die wir dem Neuen aufgeschlossen sind, können, solange das rechte Maß nicht überschritten wird, dem Kühnen und Unkonventionellen, das, bei aller menschlichen Tragik im Brüsseler Kaufhausbrand steckt, unsere Bewunderung nicht versagen.
Auch der Umstand, daß man dieses Feuerwerk Anti-Vietnam-Demonstranten andichten will, vermag uns nicht irrezuführen. Wir kennen diese weltfremden jungen Leute, die immer die (Plakate) von gestern tragen, und wir wissen, daß sie trotz aller abstrakten Bücherweisheit und romantischer Träumereien noch immer an unserer dynamisch-amerikanischen Wirklichkeit vorbeigegangen sind.

Kommune I«

»Wann brennen die Berliner Kaufhäuser?
Bisher krepierten die Amis in Vietnam für Berlin. Uns gefiel es nicht, daß diese armen Schweine ihr Cocacolablut im vietnamesischen Dschungel verspritzen mußten. Deshalb trottelten wir anfangs mit Schildern durch leere Straßen, warfen ab und zu Eier ans Amerikahaus und zuletzt hätten wir gern HHH in Pudding sterben sehen. Den Schah pissen wir vielleicht an, wenn wir das Hilton stürmen, erfährt er auch einmal, wie wohltuend eine Kastration ist, falls überhaupt noch was dranhängt . . . es gibt da so böse Gerüchte.
Ob leere Fassaden beworfen, Repräsentanten lächerlich gemacht wurden – die Bevölkerung konnte immer nur Stellung nehmen durch die spannenden Presseberichte. Unsere belgischen Freunde haben endlich den Dreh heraus, die Bevölkerung am lustigen Treiben in Vietnam wirklich zu beteiligen: sie zünden ein Kaufhaus an, dreihundert saturierte Bürger beenden ihr aufregendes Leben und Brüssel wird Hanoi. Keiner von uns braucht mehr Tränen über das arme vietnamesische Volk bei der Frühstückszeitung zu vergießen. Ab heute geht er in die Konfektionsabteilung von KaDeWe, Hertie, Woolworth, Bilka oder Neckermann und zündet sich diskret eine Zigarette in der Ankleidekabine an. Dabei ist nicht unbedingt erforderlich, daß das betreffende Kaufhaus eine Werbekampagne für amerikanische Produkte gestartet hat, denn wer glaubt noch an das »made in Germany«?
Wenn es irgendwo brennt in der nächsten Zeit, wenn irgendwo eine Kaserne in die Luft geht, wenn irgendwo in einem Stadion die Tribüne einstürzt, seid bitte nicht überrascht. Genausowenig wie beim Überschreiten der Demarkationslinie durch die Amis, der Bombardierung des Stadtzentrum von Hanoi, dem Einmarsch der Marines nach China.

Brüssel hat uns die einzige Antwort darauf gegeben:
burn! ware-house, burn!
Kommune I«

»Revolution in rosé Revolution in rot * Durch flammendes Rot fliegen Pelze auf die Strasse * Für jede Hausfrau Brüssels einen Pelz * L'innovation rosarote Invasion * Das völlig neue revolutionierende Gefühl * Eine Flasche Propangas und Sie können dasselbe erleben * Die höchstentwickelte Propaganda für Johnson Vietnam-Politik * Amerikanisches Kulturgut von roségrauen Wolken umschmeichelt * Die Apokalypse von Brüssel können Sie selbst erleben * Durch Revolution in rosé * Propangas in rot * Bei Kepa und Kadeweh!«

Diese Flugblätter wurden am 24. 5. 67 in der Universität vor der Mensa verteilt. Ein Student zeigte die Kommune I wegen Aufforderung zur Brandstiftung an. Tatsächlich wurde Anklage gegen die Kommunarden Rainer Langhans und Fritz Teufel erhoben, nicht jedoch gegen die anderen Kommune-Mitglieder, die sich für mitverantwortlich erklärten. Der Prozeß begann am 6. und 7. 7. 67.
In der Anklageschrift des Generalstaatsanwalts Kuntze hieß es: die beiden Studenten »werden angeklagt, in Berlin am 24. Mai 1967 gemeinschaftlich durch Verbreitung von Schriften zur Begehung strafbarer Handlungen aufgefordert zu haben, nämlich zum vorsätzlichen Inbrandsetzen von Räumlichkeiten, welche zeitweise dem Aufenthalt von Menschen dienen, und zwar zu einer Zeit, während welcher in denselben Menschen sich aufzuhalten pflegen. Die Aufforderung ist bisher ohne Erfolg geblieben.«
Bei der Verhandlung bot die Verteidigung (Horst Mahler) Gutachten der Professoren Eberhard, Frank, Lämmert, Landmann, Nichols, Szondi, Taubes, Wapnewski und der Schriftsteller Reinhard Baumgart und Alexander Kluge auf; während der Verhandlung am 6. 7. wurden die von Eberhard, Lämmert, Szondi, Taubes und Wapnewski verlesen. Sämtliche Gutachten kamen zu dem Ergebnis, daß die Flugblätter satirischen Charakters und keine wirkliche Aufforderung zur Brandstiftung seien. Dabei versuchte, außer dem besonders ausführlichen von Szondi, auch das gemeinsam mit einer Arbeitsgruppe von Germanistikstudenten erarbeitete Gutachten von Lämmert die Ironie genauer philologisch nachzuweisen. Vielfach wurde auf die literarischen Vorbilder solcher »Aufforderungen zu strafbaren Handlungen« hingewiesen, die zu erwartende Wirkungslosigkeit begründet, oder versucht, um Verständnis für das moralische Engagement der Flugblatt-Verfasser zu werben.
Der Wortlaut von Szondis Gutachten nebst einer Nachschrift wurde zweimal abgedruckt, in »Der Monat« 227 (August 1967), 19. Jg., und zusammen mit den Gutachten von Lämmert und Wapnewski in

»Sprache im technischen Zeitalter« 28/1968, das Gutachten wurde zusammen mit allen anderen als Hektographie in der Universität verbreitet.

Philologisches Gutachten über die Flugblätter Nr. 6-9 der »Kommune I« und deren Interpretation in der Anklageschrift des Generalstaatsanwalts bei dem Landgericht gegen die Studenten Rainer Langhans und Fritz Teufel.

Es lebe Lübke!
Nieder mit der Kommune!
(Flugblatt Nr. 2 der »Kommune I«)

Vorbemerkung

Die Anklageschrift behauptet, daß die Flugblätter Nr. 6-9 der »Kommune I« *zur Begehung strafbarer Handlungen – nämlich zum vorsätzlichen Inbrandsetzen* von Berliner Kaufhäusern – *aufgefordert haben* (Anklageschrift des Generalstaatsanwalts bei dem Landgericht vom 9. Juni 1967). Im folgenden möchte ich die genannten Flugblätter als Philologe analysieren und mich mit der Anklageschrift lediglich insofern auseinandersetzen, als sie auf der Interpretation dieser Flugblätter beruht.

Daß ich selber die in diesen wie auch in den meisten anderen Flugblättern der »Kommune« enthaltenen Injurien, Geschmacklosigkeiten und Unflätigkeiten verurteile, bleibt aus methodischen Gründen in der Analyse unberücksichtigt.

1

Wenn es in der Anklageschrift heißt, *der gesamte Inhalt der Flugblätter* lasse *erkennen, daß die Verfasser davon ausgehen, der Warenhausbrand in Brüssel sei durch Brandstiftung hervorgerufen worden, und daß es (...) ihr Bestreben ist, eine (...) Gruppe Gleichgesinnter zu gewin-*

nen, die aufgefordert werden, auch in Berliner Warenhäusern – und zwar während der Verkaufszeiten – Brände zu legen, so wird damit der Anspruch erhoben, Inhalt und Absicht der Flugblätter verstanden zu haben. Darum ist im folgenden die Frage zu prüfen, ob der Text der Flugblätter in der Anklageschrift richtig interpretiert wird oder nicht.

Wenn es in der Anklageschrift heißt, daß die Flugblätter *das amerikanische Vorgehen in Vietnam anprangern* wollen, indem sie den Brüsseler Warenhausbrand zum Anlaß nehmen, *Brandstiftungen in Berliner Warenhäusern anzuregen, um dadurch wirklichkeitsnahe Vorstellungen von den Kämpfen in Vietnam zu vermitteln,* so wird vorausgesetzt, daß die Verfasser der Flugblätter, denen auf Grund anderer Meinungskundgebungen die Absicht, das amerikanische Vorgehen in Vietnam anzuprangern, zweifellos unterstellt werden darf, identisch sind mit jenem Personenkreis, als dessen Meinung der Inhalt der Flugblätter sich präsentiert. Wenn es sich aber so verhalten sollte, daß die Verfasser in ihren Flugblättern nicht im eigenen Namen sprechen, sondern in dem jenes Personenkreises, gegen den sie sich wenden, so folgt daraus, daß mit diesen Flugblättern zum vorsätzlichen Inbrandsetzen von Kaufhäusern nicht aufgefordert wurde.

2

Das Flugblatt Nr. 6 trägt die Überschrift *Neue Demonstrationsformen in Brüssel erstmals erprobt.* Die ersten beiden Sätze lauten: *In einem Großhappening stellten Vietnamdemonstranten für einen halben Tag kriegsähnliche Zustände in der Brüsseler Innenstadt her. Diese seit Jahren größte Brandkatastrophe Belgiens hatte ein Vorspiel.* Es folgt ein Bericht über Vorgeschichte und Ablauf der Katastrophe, über deren Ursachen und über das Verhalten der Brüsseler Polizei, wobei die entscheidenden Stellen einem Belgier, *Maurice L. (21),* in den Mund ge-

legt werden, den der Verfasser des Berichts interviewt haben will. Gewisse Einzelheiten, wie die psychologische Vorbereitung der Brandstiftung durch Knallkörper, die Tage zuvor zwischen den Verkaufstischen gezündet worden sein sollen, um das Personal an derartige Geräusche zu gewöhnen, sind offensichtlich erfunden.
Titel, Sprache, Erzähltechnik, Interview erweisen den Text des Flugblatts als einen fingierten Zeitungsartikel, dessen Verfasser ein erfundener Journalist, dessen Nachrichtenquelle ein erfundenes Mitglied einer erfundenen belgischen *Aktion für Frieden und Völkerfreundschaft* ist. Nachdem die Verfasser des Flugblatts einen Journalisten erfunden haben, lassen sie diesen einen Belgier namens Maurice L. erfinden, mitsamt seiner Gruppe sowie der »Tatsache« einer politischen, als Demonstration gegen die amerikanische Vietnam-Politik gemeinten Brandstiftung. Daß sie den Journalisten zugleich nachweislich falsche Einzelheiten berichten lassen, welche – wie die zwischen den Verkaufstischen gezündeten Knallkörper – die Reportage als Ausgeburt seiner blühenden und berechnenden Phantasie enthüllen, erlaubt die Folgerung, daß die Verfasser einen Zeitungsbericht fingieren, nicht um eigene Ansichten zu verbreiten, sondern um die Berichterstattung der Zeitungen anzugreifen. Zu diesen Einzelheiten schrieb freilich die B. Z. am 27. 5. 1967, die Polizei halte *es für durchaus wahrscheinlich, daß die »Kommune I« direkte Verbindungen nach Brüssel hat. Denn zu dem Zeitpunkt, an dem die Flugblätter verteilt wurden, waren bestimmte geschilderte Einzelheiten in der Öffentlichkeit noch nicht bekannt.*
Das von den Verfassern gewählte Mittel ist nicht das Zitat, sondern das der satirischen Parodie. D. h.: weder schreiben sie, was sie für wahr, noch erfinden sie, was sie für möglich halten, sondern ihre Fiktion eines Zeitungsartikels übertreibt und führt das ad absurdum, was nach Ansicht der Flugblattverfasser den realen Zeitungen vor-

zuwerfen ist: Voreingenommenheit und mangelnde Wahrheitsliebe. So wird aus einer Meldung, die durch die deutsche und ausländische Presse ging: daß nämlich der Brüsseler Warenhausbrand möglicherweise das Werk von Gegnern der amerikanischen Vietnampolitik war, durch satirische Übersteigerung einerseits die Behauptung, die Brandstiftung sei von ihren Urhebern als *Großhappening* veranstaltet worden, andererseits die Vermutung, Polizei und Öffentlichkeit wagten die Antivietnamdemonstranten deshalb nicht offen zu beschuldigen, weil dies *einem Eingeständnis einer erfolgten weitgehenden Radikalisierung der Vietnamgegner gleichkäme* und bewirken könnte, *daß andere Gruppen in anderen Städten wegen der Durchschlagskraft dieses Großhappenings nicht nur in Belgien zu ähnlichen Aktionen ermuntert würden.*

Nur weil unerkannt blieb, daß das Flugblatt ein fingierter Zeitungsartikel ist, dessen Verfasser mit den Verfassern des Flugblatts nicht identisch ist, von ihnen vielmehr kreiert wurde, um die Presse mit den Mitteln der Satire anzugreifen, d. h. nur weil der Text anders ausgelegt wurde, als er von der »Kommune I« gemeint gewesen sein muß, kann es in der Anklageschrift heißen, *daß die Verfasser davon ausgehen, der Warenhausbrand in Brüssel sei durch Brandstiftung hervorgerufen worden* – eine Auffassung, die sie gerade widerlegen und der Lächerlichkeit preisgeben wollen, indem sie sie in einer Zeitungsparodie ad absurdum führen. Nur weil das Flugblatt nicht als fingierter Artikel erkannt wurde, kann die Anklageschrift ferner behaupten, die Verfasser nennten *die durch den Brand hervorgerufenen (...) Zustände – zynisch genug – ein »Großhappening«* – wobei die Satire, die den anderen enthüllen soll, in Zynismus verfälscht wird, durch den die Verfasser sich angeblich selbst enthüllen, weil nicht beachtet wird, daß nicht die Verfasser, sondern der von ihnen erfundene Journalist und dessen erfundener Gewährsmann von einem *Großhappening* bzw. *Happening* sprechen. Aus diesem selben Grund schließlich kann die Anklageschrift behaupten, die Verfasser unterstellten der belgischen Polizei, sie verschweige absichtlich die Brandstiftung als Ursache der Katastrophe – wo doch diese Behauptung gleichfalls vom fingierten Journalisten stammt und ihm in erster Linie als Erklärung dafür dienen dürfte, daß er als erster eine so wichtige background-Wahrheit der Öffentlichkeit enthüllen kann.

3

Das Flugblatt Nr. 7 ist mit den, jeweils von Ausrufungszeichen begleiteten, Worten *Neu! Unkonventionell! Neu! Unkonventionell!* usf., *Neu! Atemberaubend! Neu! Atemberaubend!* etc. und der dazwischen gestellten Frage *Warum brennst Du, Konsument?* überschrieben. Wie der Text des Flugblatts Nr. 6 schon vom Titel her sich als Zeitungsartikel erweist, wird der Text dieses Flugblatts von der Überschrift als Reklame kenntlich gemacht. Während aber der Titel von Flugblatt Nr. 6 nur dann als der eines satirisch fingierten Artikels erscheint, wenn man die angeblich in Brüssel erprobten Demonstrationsformen auf den faktischen Warenhausbrand bezieht, zeigt der Titel des Flugblattes Nr. 7 schon durch den Wortlaut der Frage *Warum brennst Du, Konsument?*, daß hier eine Reklame vorgetäuscht wird, die als wirkliche Reklame nicht aufgefaßt werden kann. Entweder ist es also eine fingierte Reklame, die als Mittel der Satire dient, um einen Personenkreis zu treffen, dessen wahre Einstellung durch die Reklamesprache enthüllt werden soll – oder aber die Verfasser des Flugblatts bedienen sich der Form der Reklame, um ihre eigenen Ansichten an den Mann zu bringen. Daß dies letztere der Fall nicht sein kann, beweist der Schlußabschnitt, in dem es heißt: *Auch der Umstand, daß man dieses Feuerwerk Anti-Vietnam-Demonstranten andichten will, vermag uns nicht irrezuführen.*

Wir kennen diese weltfremden jungen Leute, die immer die (Plakate) von gestern tragen, und wir wissen, daß sie trotz aller abstrakten Bücherweisheit und romantischer Träumereien noch immer an unserer dynamisch-amerikanischen Wirklichkeit vorbeigegangen sind. Zu den Studenten, über die man sich hier lustig macht, den Plakate tragenden Anti-Vietnam-Demonstranten, könnte der Leser auch die »Kommune«-Mitglieder zählen – jedenfalls urteilen nicht sie, die Verfasser des Flugblatts also, über die Studenten, wird dies doch im Namen einer *dynamisch-amerikanischen Wirklichkeit* getan. Daraus aber ist zu folgern, daß selbst an jenen Stellen des Flugblattes, wo nicht sogleich zu entscheiden ist, ob Ansichten der Verfasser ausgedrückt werden oder solche, die sie einem von ihnen bekämpften Personenkreis zuschreiben, das letztere angenommen werden muß. Denn erstens muß das Flugblatt als fingierte Reklame eine Einheit des Standpunkts und eine Einheit des Ziels haben, für das geworben wird. Zweitens erscheinen diejenigen, die von *unserer dynamisch-amerikanischen Wirklichkeit* sprechen, als dieselben, die im ersten Abschnitt *die Leistungsfähigkeit der amerikanischen Industrie* und *der amerikanischen Werbung* preisen, im vierten Abschnitt von *unserer Gesellschaft* und im fünften von *unserer so überaus komplizierten und kompliziert zu lenkenden hochentwickelten Wirtschaft* sprechen. Drittens spricht dagegen, daß Ansichten der »Kommune« im Flugblatt unmittelbar vertreten werden, dessen Sprache und Rhetorik. Sowohl die Beteuerung, *den Schmerz der Hinterbliebenen in Brüssel mit(zu)empfinden*, als auch die Rede von der *menschlichen Tragik* heben sich von anderen authentischen Äußerungen der »Kommune« beträchtlich ab und können nur verstanden werden, wenn angenommen wird, daß die Verfasser hier Ansichten und Gefühle anderer auszudrücken vorgeben, nicht aber die eigenen.
Die Erkenntnis, daß der Text des Flugblatts eine fingierte

Reklame darstellt, in der durch satirisches Ad-absurdum-Führen das politische Verhalten eines von der »Kommune« bekämpften Personenkreises bloßgestellt werden soll, geht indessen nicht nur aus der Überschrift und den bisher betrachteten Abschnitten hervor, sondern ebenso eindeutig aus dem zentralen Abschnitt, in welchem die Anklageschrift einen ihrer wichtigsten Beweise zu sehen scheint. Hier heißt es: *Ein brennendes Kaufhaus mit brennenden Menschen vermittelte zum erstenmal in einer europäischen Großstadt jenes knisternde Vietnamgefühl (dabeizusein und mitzubrennen), das wir in Berlin bislang noch missen müssen.* Denn im Gegensatz zu den hier Sprechenden wollen die Gegner des amerikanischen Engagements in Vietnam das, was dort geschieht, gerade unterbinden. Als Verfasser des Flugblatts legen sie einem Personenkreis, der das Vorgehen der USA bejaht, Worte der Reklamesprache in den Mund, durch welche die Befürwortung des Vietnam-Kriegs der Bevölkerung nicht etwa als Resultat politischer Überlegungen vorgeführt, sondern als eines jener zweifelhaften Gefühle angepriesen wird, die in der modernen Werbung immer mehr die objektiven Eigenschaften der Waren selbst verdrängen. Indem der Text des Flugblatts Nr. 7 behauptet, der Brüsseler Warenhausbrand sei nicht die Tat von Anti-Vietnam-Demonstranten, vielmehr ein *neuer gag in der vielseitigen Geschichte amerikanischer Werbemethoden,* behauptet er übrigens das Gegenteil von dem, was im Flugblatt Nr. 6 »berichtet« wird. Schon dies beweist, daß allenfalls eines der beiden Flugblätter, nicht aber beide, die Ansichten der »Kommune« direkt wiedergeben kann, so daß in der Anklageschrift mit Sicherheit eines der beiden Flugblätter, wenn nicht beide, falsch interpretiert worden ist. Wird nun in Flugblatt Nr. 7, als einer fingierten Reklame, *ein knisterndes Vietnamgefühl* angepriesen *(dabeizusein und mitzubrennen), das wir in Berlin bislang noch missen müssen,* so kann das nicht die Absicht jener sein, die den Krieg in Vietnam bekämpfen. Vielmehr wird das Vorgehen der USA hier bekämpft, indem unterstellt wird, es sei eine der *faszinierenden und erregenden Leistungen und weltweit bekannten Gütezeichen amerikanischen Tatendrangs und amerikanischen Erfindergeistes*, eine Leistung, für die mit demselben *Einfallsreichtum* geworben wird wie für Coca Cola. Und der Krieg in Vietnam wird ferner bekämpft, indem die Haltung der Leute hierzulande, die ihn bejahen, und die Einstellung jener, die ihn in Amerika planen, in der hyperbolischen Sprache der Werbung ad absurdum geführt wird. Den Befürwortern des amerikanischen Engagements in Vietnam, bei denen unterstellt wird, daß sie den Krieg genießen, verspricht man eine Intensivierung des Genusses durch jenes Gefühl des Dabeiseins, mit dem sonst für Fernsehapparate geworben wird, und das hier, vom Sport auf den Krieg übertragen, plötzlich nicht weniger bedeutet, als daß der »Konsument« das Schicksal der Bevölkerung in den von Amerikanern bombardierten Städten Vietnams realiter teilen darf und teilen muß, indem er *mitbrennt.* Den USA wird implizite vorgeworfen, ihre Kriegsführung sei bedingt durch die Bedürfnisse der Industrie: ein Kausalzusammenhang, der wiederum satirisch ins Absurde gesteigert wird, indem die amerikanische Regierung in der fingierten Reklame als eine Firma auftritt, die zur Intensivierung des Absatzes durch einen neuen Werbeeinfall eben den *König Kunde* vernichtet, ohne den es einen Absatz nicht geben kann.

Spricht nun die Anklageschrift im Zusammenhang mit diesen Sätzen von *haßerfüllten, mit ätzendem Spott untermalten Betrachtungen über die eindrucksvolle Wirkung eines Warenhausbrandes*, so trifft sie wohl den fraglos vorhandenen und im Flugblatt ausgedrückten Haß der »Kommune I« auf die amerikanische Regierung, sie verkennt aber, daß der Spott, den sie doch auch vermerkt, das Flugblatt durchgehend in der Weise prägt, daß es

nicht die direkte Meinungsäußerung seiner Verfasser darstellt, sondern eine satirische Bloßstellung jener, gegen die sie sich wenden.
Weil in der Anklageschrift nicht erkannt wurde, daß das Flugblatt eine fingierte Reklame ist, welche die offiziellen Vertreter und die privaten Befürworter des amerikanischen Engagements in Vietnam belasten soll, wird übersehen, daß die *eindrucksvolle Wirkung eines Warenhausbrandes* Bestandteil dieser Reklamesatire ist. Nur auf Grund dieses Interpretationsfehlers kann die Anklageschrift dann nahelegen, die Konsequenz solcher durch einen Warenhausbrand hervorgerufenen Faszination sei die Aufforderung zur *menschengefährdenden Brandstiftung*. Die *nüchterne und verständige Prüfung*, die sich der Verfasser der Anklageschrift selbst bescheinigt, erweist sich, philologisch geprüft, als eine Folge falscher Auslegungen.

4
Die Überschrift des Flugblatts Nr. 8 stellt die Frage *Wann brennen die Berliner Kaufhäuser?* Nichts an dieser Frage läßt darauf schließen, daß dieses Flugblatt wie die beiden ihm vorausgehenden sei's einen fingierten Zeitungsartikel, sei's eine fingierte Reklame, sei's eine satirische Fiktion anderer Art darstellt. Vielmehr entspricht die Art der Frage ganz der Vorstellung, die man von agitatorischen Flugblättern revolutionär-anarchistischer Gruppen haben mag. Die vom Titel her sich einstellende Vermutung, daß der Text dieses Flugblatts nichts fingiert, daß vielmehr die Personen, die darin *wir* und *uns* sagen, diesmal die Verfasser selber sind, wird von dem folgenden Satz bestätigt: *Deshalb trottelten wir anfangs mit Schildern durch leere Straßen, warfen ab und zu Eier ans Amerikahaus* ... Doch die Fortsetzung dieses Satzes: ... *und zuletzt hätten wir gern HHH in Pudding sterben sehen* erweist, daß es zwar weiterhin die Mitglieder der »Kom-

mune« sind, die hier *wir* sagen, daß sie indessen die Wahrheiten, die sie über sich sagen (*warfen ab und zu Eier ans Amerikahaus*), mit Unwahrheiten oder von ihnen als Unwahrheit bezeichneten Nachrichten mischen, die über sie verbreitet werden; vgl. folgende Schlagzeilen: *Studenten planen Attentat auf Humphrey* (B. Z.), *Berlin: Bomben-Anschlag auf US-Vizepräsidenten* (Bild-Zeitung), *Attentat auf Humphrey von Kripo vereitelt* (Berliner Morgenpost).

Aus der Mischung von Wahrheit und Unwahrheit im zitierten Satz ist zu schließen, daß in diesem Flugblatt nicht durchgehend die Fiktion eines anderen Verfassers vorliegt, sondern bei jeder einzelnen Aussage zu prüfen ist, ob die »Kommune« sagt, was ihre Ansicht ist, oder das, was sie für die Ansicht anderer hält. Solche Mischung von Eigen- und Fremdaussage kann auch in *der* Form erfolgen, daß das Behauptete der Ansicht eines Personenkreises, den die »Kommune« bekämpft, der Ton aber der Ausdrucksweise der »Kommune« selbst entspricht. Bereits der erste Satz des Flugblatts liefert dafür ein Beispiel, denn die Behauptung *Bisher krepierten die Amis in Vietnam für Berlin* verrät zwar die vulgär-anstößige, die Grenzen des Taktes absichtlich überschreitende Sprache der »Kommune«; was aber in dieser Sprache ausgedrückt wird, ist die These nicht etwa der »Kommune«, vielmehr jener offiziellen und inoffiziellen Kreise, die Berliner Demonstrationen gegen das amerikanische Engagement in Vietnam mit dem Argument entgegentreten, die Amerikaner kämpften dort für dieselbe Freiheit, die sie den Berlinern garantiert haben, so daß eine Berliner Anti-Vietnam-Demonstration zugleich eine Infragestellung und Gefährdung der Freiheit Berlins ist. Die ironische Einfügung satirisch überdrehter »Zitate«, mit denen die Verfasser des Flugblatts gegen deren wahre Autoren polemisieren, in einen als ihre eigene Meinungsäußerung ausgegebenen Text liegt vor, wenn sie schreiben: *Unsere belgischen Freunde haben endlich den Dreh heraus, die Bevölkerung am lustigen Treiben in Vietnam wirklich zu beteiligen: sie zünden ein Kaufhaus an.* Denn die Belgier, auf die hier angespielt wird, sind Anti-Vietnam-Demonstranten wie die »Kommune«-Mitglieder auch, daß aber der Kaufhausbrand in Brüssel deren Tat war, ist nicht von der »Kommune«, sondern von gewissen Kreisen in Belgien behauptet und von der Presse auch in Berlin aufgegriffen worden (vgl. B. Z. vom 26. 5. 1967: *... diese Katastrophe, die möglicherweise auf linksradikale Brandstiftung zurückgeht ...*). Und die Kennzeichnung dessen, was in Vietnam vor sich geht, als eines *lustigen Treibens,* sowie die Behauptung eines Bedürfnisses, die Bevölkerung daran *wirklich zu beteiligen,* entspricht, wie schon anläßlich des Flugblatts Nr. 7 gezeigt wurde, nicht der Einstellung der »Kommune« gegen den Vietnam-Krieg, sondern ist eine satirische Unterstellung, mit der die Befürworter der amerikanischen Kriegsführung bloßgestellt werden sollen.

Nur weil diese ironische Struktur des Textes, die sich übrigens in der ganzen Flugblattserie immer wieder findet (vgl. besonders Nr. 2), verkannt wird, kann es in der Anklageschrift über das Flugblatt Nr. 8 heißen, es enthalte *zwar nicht wortwörtlich, aber unmißverständlich die unverhohlene Aufforderung, auch in Berlin mit brennenden Warenhäusern für Vietnam zu »demonstrieren«.* Der Verfasser der Anklageschrift hat es offensichtlich unterlassen, die von ihm in der Folge zitierten Sätze darauf zu prüfen, was darin von der »Kommune« vertretenes Gedankengut, was den Befürwortern des amerikanischen Engagements in Vietnam zugeschriebenes Gedankengut ist. So kann die Titelfrage *Wann brennen die Berliner Kaufhäuser?* nur dann als *unverhohlene Aufforderung,* in Berlin Warenhäuser anzuzünden, aufgefaßt werden, wenn man übersieht, daß die Frage vom letzten Abschnitt des Flugblatts ja beantwortet wird. Dort nämlich wird gesagt, man sollte, *wenn es irgendwo brennt in der nächsten Zeit,* genau so wenig überrascht sein *wie beim Überschreiten der Demarkationslinie durch die Amis, der Bombardierung des Stadtzentrums von Hanoi, dem Einmarsch der Marines nach China.* Mit den letztgenannten drei Vorgängen, deren Wahrscheinlichkeit die Verfasser der Wahrscheinlichkeit eines Berliner Warenhausbrandes gleichstellen, wird der Zeitpunkt oder die Bedingung angegeben, nach denen der Titel *Wann brennen die Berliner Kaufhäuser?* fragt. Mit dem Überschreiten der Demarkationslinie zwischen Süd- und Nordvietnam durch amerikanische Truppen, mit der Bombardierung des Stadtzentrums von Hanoi und dem Einmarsch der Marines nach China werden Ereignisse genannt, von denen die Gegner des amerikanischen Engagements in Vietnam behaupten, daß sie dessen notwendige Folge sind und zur notwendigen Folge ihrerseits einen dritten Weltkrieg haben werden, während die amerikanische Regierung immer wieder versichert hat, daß es weder ihre Absicht ist, die Demarkationslinie oder gar die chinesische Grenze zu überschreiten, noch könnte sie durch die von ihr als lokale Pazifikation verstandenen Kriegshandlungen zu solchen Schritten gezwungen werden.

Daraus ist aber zu folgern, daß entgegen der Anklageschrift erstens die Titelfrage *Wann brennen die Berliner Kaufhäuser?* keine agitierende Suggestivfrage ist, deren Absicht die Aufforderung zur Brandstiftung wäre, und daß zweitens die Verfasser des Flugblatts die Beantwortung der von ihnen gestellten Frage ironisch den Lesern des Flugblatts überlassen wollen. Wer nämlich den Versicherungen der amerikanischen Regierung Glauben schenkt, wer ihr Vorgehen in Vietnam befürwortet, weil er überzeugt ist, daß die Amerikaner China nicht angreifen, d. h. keinen dritten Weltkrieg auslösen werden, der kann auch überzeugt sein, daß es in Berlin zu keinen Brandstiftungen in Warenhäusern kommen wird. Wer überzeugt ist, daß die Amerikaner das Stadtzentrum von Hanoi nicht bombardieren werden, weil es ihnen, wie sie versichern, nicht um die Vernichtung der nordvietnamesischen Zivilbevölkerung, sondern um die Freiheit der Südvietnamesen geht, der braucht darum auch nicht zu befürchten, es könnte die Bevölkerung von Berlin durch Warenhausbrände zu Schaden kommen.

Dies alles verkennt die Anklageschrift. Und sie verkennt auch die Tatsache, daß die Verfasser in keiner Weise vorschlagen, Warenhäuser durch Zigaretten, die in Ankleidekabinen angezündet werden, in Brand zu setzen. Das Anzünden einer Zigarette in Ankleidekabinen mag gefährlich und untersagt sein (darum der Rat, es *diskret* zu tun), solange es aber von keiner anderen Absicht als der des Rauchens bestimmt ist, bedeutet es auch kein *vorsätzliches Inbrandsetzen,* wie es die Anklageschrift meint interpretieren zu müssen. Und von einer solchen Absicht ist im ganzen Flugblatt nicht die Rede, es sei denn in den beiden folgenden Sätzen, in denen die Anklageschrift denn auch *die unverhohlene Aufforderung zu einer eindeutig motivierten Brandstiftung unmißverständlich* ausgedrückt findet:

1. *Unsere belgischen Freunde haben endlich den Dreh heraus, die Bevölkerung am lustigen Treiben in Vietnam wirklich zu beteiligen: sie zünden ein Kaufhaus an.* 2. *Brüssel hat uns die einzige Antwort darauf gegeben: burn, ware-house, burn!* Indessen geht aus Flugblatt Nr. 6 hervor, daß nicht die »Kommune« behauptet, der Brüsseler Warenhausbrand sei eine politische Demonstration gewesen, sondern daß sie die Gegner der Anti-Vietnam-Demonstrationen beschuldigt, diese Ursache der Brandkatastrophe erfunden zu haben. Und ebenso geht aus den Flugblättern Nr. 6 und 7 hervor, daß nicht die »Kommune« den Krieg in Vietnam als *lustiges Treiben* auffaßt, sondern daß sie unterstellt, die Befürworter des Krieges gegen den Vietcong, z. B. die Presse, die *den Ein-*

druck vermittelt, daß ein Krieg dort unten (...) gar nicht so schlimm sei, hätten vom Krieg eine Vorstellung, die in satirischer Überspitzung als *lustiges Treiben* angegeben wird.
Da nun in der Anklageschrift die Auffassung vertreten wird, die inkriminierten Flugblätter 6-9 seien – *nicht nur weil drei von ihnen* (nämlich die bis jetzt besprochenen 6, 7 und 8) *dasselbe Datum tragen – als Ganzes zu würdigen*, geht aus dem, was an den drei Flugblättern hier aufgewiesen wurde, hervor, daß die Aufforderung, mit der das Flugblatt Nr. 8 schließt, *burn, ware-house, burn!*, keine Aufforderung der Verfasser des Flugblatts ist, wie es die Anklageschrift behauptet, sondern die Aufforderung entweder der vom fingierten Journalisten erfundenen *Aktion für Frieden und Völkerfreundschaft*, oder, worauf die Sprache weist, des im anderen Flugblatt fingierten amerikanischen Werbetexters. Nur weil die Flugblätter 6, 7 und 8 in der Anklageschrift falsch interpretiert sind, kann sie den Satz *burn, ware-house, burn!* zur Stützung der Anklage anführen.

5
Der Kommentar zu Flugblatt Nr. 9 kann kurz sein. Erstens weil es in der Anklageschrift lediglich erwähnt wird, zweitens weil es bloß das Flugblatt Nr. 7 variiert. Die fingierte Reklame ist diesmal auf kurze Slogans beschränkt wie *Das völlig neue revolutionierende Gefühl*. Einer dieser Slogans, der den Anfang bildet und gegen Ende wiederkehrt, ist einer nicht erfundenen Reklame für das *Spülmittel neuer Art* PRIL entnommen. Es ist der Slogan *Revolution in Rosé*, der in der PRIL-Werbung in den Satz *Man sieht Ihren Händen das Spülen nicht mehr an* übergeht. Die Verfasser des Flugblatts Nr. 9 führen die Reklamesprache wie in Nr. 7 ad absurdum. Verspricht der Werbetexter von PRIL der Hausfrau Hände, denen man das Spülen nicht mehr ansieht, so wird er von

der fingierten Reklame des Flugblatts überboten: *Für jede Hausfrau Brüssels einen Nerz* – es sind die Pelze, die *durch flammendes Rot (...) auf die Straße* fliegen. Deutet schon der Ausgangspunkt, nämlich die Übernahme eines Slogans aus dem Vokabular der Werbetexter darauf, daß die Verfasser dieser fingierten Reklame ebenso wenig wie in Flugblatt Nr. 7 im eigenen Namen sprechen, so geht dies zwingend aus dem Satz hervor, der das Inbrandsetzen eines Kaufhauses als *die höchstentwickelte Propaganda für Johnson* (sic!) *Vietnam-Politik* bezeichnet.

Nur weil in der Anklageschrift die fingierte Reklame, von der das Flugblatt ausdrücklich behauptet, sie stehe im Dienst der *Propaganda* für das amerikanische Vorgehen in Vietnam, als die satirische, d. h. Reales meinende, aber Irreales behauptende Unterstellung, Brandstiftungen nützten der amerikanischen Regierung, nicht erkannt worden ist, sondern offensichtlich, wie Flugblatt Nr. 7, als direkte Äußerung der Verfasser mißverstanden wurde, kann dieses wie die gleichfalls falsch interpretierten Flugblätter Nr. 6-8 als Beweismittel für die Anklage, zur Brandstiftung aufgefordert zu haben, bezeichnet werden.

6

Die vorliegende Überprüfung der Flugblätter Nr. 6-9 der »Kommune I« ging von der Frage aus, ob deren Text in der Anklageschrift richtig interpretiert wurde. Ich meine, mit meinen philologischen Ausführungen dargelegt zu haben, daß dies nicht der Fall ist.

Nachschrift

Am 6. Juli 1967 verlasen der Verfasser und drei seiner Kollegen ihre Gutachten vor dem Landgericht Berlin. Am nächsten Tag teilte der Oberstaatsanwalt mit, er habe die Gutachten »mit Interesse zur Kenntnis genommen, aber auch mit Verwunderung, denn (sie) seien nicht sachzugehörig gewesen«. (*FAZ 10. 7. 1967.*)

Am 7. 7. 67 und in den nächsten Tagen berichtete die Berliner Presse, teilweise auch die überregionale, ausführlich über den Prozeß. (In der »Frankfurter Allgemeinen Zeitung« vom 7. 7. etwa standen nebeneinander die Überschriften »Verfahren gegen Reinefarth eingestellt – Der ehemalige SS-Führer außer Verfolgung / Nicht genügend Beweise« und »Berliner Studenten vor Gericht – Der Prozeß gegen Rainer Langhans und Fritz Teufel eröffnet«.) Nicht nur die Boulevard-Zeitungen berichteten vor allem vom »ungehörigen« Äußeren und Verhalten des Publikums und der Angeklagten, z. B. daß der Vorsitzende des Gerichts auf die Frage nach dem Leben in der Kommune die Antwort erhielt: »Besuchen Sie uns doch mal.« Nach der Meinung von »Bild Berlin« leisteten die Gutachter den Angeklagten »Schützenhilfe«. In den meisten Zeitungen wurde von den Gutachten am ausführlichsten das von Eberhard erwähnt, der ein nichtsatirisches Verständnis nicht ausgeschlossen hatte; freilich wurde meist nicht berichtet, daß er damit eher Staatsanwälte als potentielle Brandstifter gemeint hatte.
Am 7. 7. 67 beschloß das Gericht die psychiatrische Untersuchung der Angeklagten und die Vertagung des Prozesses. Fritz Teufel, der sich in Untersuchungshaft befand, weil er angeblich am 2. Juni – bei der Demonstration gegen den Besuch des Schahs von Persien in Berlin, bei der der Student Benno Ohnesorg von einem Polizisten erschossen worden war – mit Steinen geworfen hatte, schrieb in einem Brief an das linke Berliner Nachrichten-Magazin »Extra-Dienst« und seine Leser: »Hiermit gebe ich zu, (1) nicht nur, daß ich ein Element bin, ein radikales, das, wenn es sein muß, mit Pudding und Quark schmeißt, die Rentner um den Schlaf bringt und die Springer-Presse zittern macht; (2) nicht nur, daß ich einer von denen bin, die durch ihren blinden Aktivismus den SDS fast vorzeitig um seine Förderungswürdigkeit gebracht hätten, [...] (3) sondern auch, was noch schlimmer ist, daß ich am Abend des 2. Juni demonstrierend vor der Oper mich aufhielt, [...] (4) was das schlimmste ist, daß ich nun, als ich schon mal da war, nicht mit Steinen warf, obwohl man von mir, der ich als Terrorist bekannt bin, solches hätte erwarten dürfen; [...] nachdem ich (5) noch ganz en passant in einem spektakulären Prozeß das Staatsgeheimnis von der Unfähigkeit der Justiz preisgab – Pfuideibel! – weshalb man mich mit Recht auf meinen Geisteszustand untersuchen will. / Still schäm ich mich in meiner Zelle, / Fritz Teufel, Ausgeburt der Hölle.«
Im März 1968 wurde der Prozeß wieder aufgenommen. Der Generalstaatsanwalt Tanke beantragte neun Monate Gefängnis ohne Bewährung. Wie der »Tagesspiegel« am 22. 3. 68 berichtete, bezeichnete er die Gutachter als »professorale Auslegungskünstler, die politisch in der Nähe der Angeklagten stünden und mit einigen wissenschaftlichen Tricks und teilweise unwissenschaftlicher Argumentation versucht hätten, die ›Kommune I‹ als literarisches Kaffeekränzchen abzuwerten und zu beweisen, daß die Staatsanwaltschaft auf dem Holzwege sei. Doch komme diesen Gutachten ohnehin keinerlei Bedeutung zu, denn die Auslegung der Flugblätter sei eine allein vom Gericht zu beantwortende Rechtsfrage. Die Angeklagten seien keine literarischen

Schwätzer oder politischen Spaßmacher, sondern Angehörige einer gefährlichen radikalen Gruppe, die sich nicht an surrealistischen Literaten orientierte, sondern an Mao Tse-Tung und Ho Tschi Minh.«
Am 22. 3. 68 wurden Teufel und Langhans freigesprochen (für die angeblichen Steinwürfe wurde Teufel später verurteilt). Dem Gericht schien der »satirische Inhalt durchaus erkennbar«. Es meinte, objektiv habe eine Aufforderung zur Brandstiftung vorgelegen, subjektiv sei sie den Angeklagten jedoch nicht nachzuweisen.[1]

Vgl. zu Szondis Gutachten aus Nr. 18.

1 Quellen:
Welt, Tagesspiegel, Morgenpost, BZ, Bild Berlin, Abend, Telegraf, Nachtdepesche, FAZ 7. 7. 67, FAZ 10. 7. 67, Tagesspiegel 22. 3. 68, FAZ 23. 3. 68; Hektographien: Flugblätter und Broschüre der Kommune I, Flugblatt »Extra-Exklusiv«, Anklageschrift gegen Langhans und Teufel vom 9. 6. 67, Gutachten von Baumgart, Eberhard, Frank, Jens, Kluge, Lämmert, Landmann, Nichols und Wapnewski.

5. Adornos Vortrag »Zum Klassizismus von Goethes ›Iphigenie‹« 7. 7. 1967

Außer den Professoren und Schriftstellern, die Gutachten über die angeblich zur Brandstiftung auffordernden Flugblätter geschrieben hatten (vgl. Nr. 4), war auch Theodor W. Adorno um ein solches Gutachten gebeten worden, hatte aber abgelehnt, eines zu schreiben. Schon vor dem 2. Juni war geplant gewesen, daß Adorno am 7. 7. 67 im Auditorium Maximum der Freien Universität einen Vortrag über Goethes Iphigenie halten sollte, auf Einladung des Germanischen Seminars und des Seminars für Allgemeine und Vergleichende Literaturwissenschaft. Adorno war nicht bereit, auf Vorschlag des SDS stattdessen eine politische Diskussion zu veranstalten. Vor Beginn des Vortrags hielten sich im Foyer des Auditorium Maximum viele Studenten auf, von denen, wie es schien, nicht alle in der Intention gekommen waren, Adornos Vortrag zu hören. Es wurden zwei Flugblätter verteilt. Das eine stammte vom SDS und lautete:
»Herr Professor Adorno, dieses unentbehrliche Requisit kultureller Veranstaltungen, das auf Festspielen, bei Dritten Programmen, Akademien etc. kritische Ohnmacht verbreitet, will heute abend auch uns zu einer feierlichen Stunde verhelfen. Ehe wir aber in den Gestus erstarrter Nachdenklichkeit verfallen, der diesem Schauspiel angemessen ist, sollten wir uns eines anderen Schauspiels erinnern, in dem Prof. Adorno ebenfalls einen kleinen Part übernommen hat. Der Brandstiftungsprozeß gegen Fritz Teufel, Dokument des Irrationalismus der losgelassenen Justiz, kann nur mit einem Sieg der Studenten enden, wenn durch ein Netz sich ergänzender Gutachten dem Gericht jede auch nur scheinbar vernünftige Argumentation unmöglich gemacht wird. Herr Prof. Adorno war für ein solches Gutachten prädestiniert, hausierte er doch mit Begriffen wie ›Warenstruktur der Gesellschaft‹, ›Verdinglichung‹, ›Kulturindustrie‹, seinem Repertoire, mit dem er seinem Auditorium gehobene Verzweiflung suggeriert. Aber die Bitten von Kollegen und Schülern blieben fruchtlos, der Prof. Adorno ließ sich nicht herbei, das Flugblatt der Kommune als satirischen Ausdruck der Verzweiflung zu deuten. Er lehnte ab. Diese Haltung ist wahrhaft klassizistisch in ihrer Bescheidenheit, denn Späße wie die von der Kommune angeregten haben die Adornoschen Unveränderbarkeits-Theoreme zur Voraussetzung.
Herr Prof. Adorno ist jederzeit bereit, der Gesellschaft der Bundesrepublik einen latenten Hang zur Unmenschlichkeit zu bezeugen. Konfrontiert mit der Unmenschlichkeit, die in der abstrusen Anklage gegen Teufel steckt, lehnt er es ab, sich zu äußern. Er leidet lieber still an den Widersprüchen, die er zuvor konstruiert hat und für die es bekanntlich keine Lösung gibt. Kommilitonen! Wir wollen mit Prof. Adorno über seine Weigerung sprechen.

Sollte sich Prof. Adorno weigern, mit uns zu diskutieren, so verlassen wir den Saal und überlassen Prof. Adorno einer einsamen Ekstase an seinem Text!«
Das zweite Flugblatt stammte von der »Kommune II«. Unter der Überschrift »DER GROSSE ZAMPANO DER WISSENSCHAFT KOMMT!« hieß es darin: »Er, der große Durchschauer dieser Gesellschaft wird auftreten um sein Durchschauen feilzubieten – wird druckreife Sätze auskotzen [...] Wir lauschen nur noch den Worten des großen Vorsitzenden Mao, den Parolen der Revolution. [...] Was soll uns der alte Adorno und seine Theorie, die uns anwidert, weil sie nicht sagt, wie wir diese Scheiß-Uni am besten anzünden und einige Amerika-Häuser dazu. [...] Und wir, was machen wir mit dem feisten Teddy? Er soll alleine quatschen vor leerem Saal, soll sich zu Tode adornieren. So meint er's ja wohl. Also: Adorno findet nicht statt; aber die Revolution. *Seine Worte mögen ihm im Munde verfaulen.* (Chinesisches Sprichwort über die Sowjet-Revisionisten) PS: Vielleicht erlebt ihr heute noch ein wirklich ästhetisches Spektakulum.«
Zu Beginn der Veranstaltung sprach Szondi zur Einleitung. Der Text lautete in seiner ursprünglichen Konzeption:

Meine Damen und Herren,
einer der ältesten Schüler Professor Adornos, ein Teilnehmer des Seminars, das der Privatdozent Adorno Anfang der Dreißigerjahre über Benjamins »Ursprung des deutschen Trauerspiels« abhielt, ein Adorno-Benjamin-Schüler, dessen wissenschaftliches Werk ohne diese durch das Jahr 1933 auf ein einziges Semester beschränkte Erfahrung seiner Studienjahre nicht denkbar wäre, mein Kollege Wilhelm Emrich hatte sich gefreut, heute abend Professor Adorno hier willkommen heißen zu können. Eine plötzliche Erkrankung kam dazwischen, und in seinem als des geschäftsführenden Direktors des Germanischen Seminars Auftrag bin ich es nun, der die Freude und Ehre hat, Professor Adorno bei uns zu begrüßen. Obwohl ich leider nie bei ihm habe studieren können, würde ich auf die Frage, wessen Schüler ich bin, keine Minute zögern, mich zu ihm auch in diesem akademischen Sinn zu bekennen, und Sie werden verstehen, daß ich nicht zuletzt deshalb gerne an dieser Universität lehre, weil es hier, in den verschiedensten Fächern – in denen Adornos, der Philoso-

phie, der Soziologie und bald auch der Musikwissenschaft, aber auch in anderen, wie der Germanistik und der Romanistik – eine lebhafte Auseinandersetzung um sein Werk gibt. Zumal die Germanisten werden seine Noten zur Literatur, in denen über Dichter wie Eichendorff, Mörike, Heine, aber auch Goethe und Hölderlin so ganz anderes steht, als was Germanisten zu schreiben und zu lesen pflegen, und zwar anderes in der Weise, daß es zugleich die bestimmte Negation dessen ist, was sie von Hause aus tun oder tun würden, gebe es die Herausforderung nicht, die Adornos Werk darstellt – zumal die Literaturwissenschaft, wie sie in Berlin vertreten ist, wird es sich, glaube ich, zur Ehre anrechnen dürfen, daß sie sich herausfordern ließ, daß sie an diesem Werk nicht achselzuckend und philologiebeschwörend vorbeigeht.
Und wenn es nicht selten weniger die Professoren als die Studenten sind, die auf Adorno verweisen, so sollte auch dies kein Grund zur Klage sein – mancher meiner Kollegen wird gerade in den letzten Wochen den Eindruck gewonnen haben, daß wir uns von den Studenten sehr wohl einiges sagen lassen können, daß wir nicht verlieren, sondern gewinnen, wenn die Mauer zwischen dem Ordinarius und seinen Studenten zu zerbröckeln beginnt. Freilich sehe ich nicht ein, warum wir das, was uns die Studenten sagen, und was sie uns vermitteln, nicht derselben strengen Kritik unterwerfen sollten, zu der wir sie zu erziehen die Pflicht haben. Euphorie und Solidarisieren auf Kosten des Differenzierens ist eine Stimmung für Wochen, nicht für die Jahre des Studiums – diesem wäre es gemäßer, sich nicht Schlagworten hinzugeben, sondern sich der Versenkung in den Gegenstand zu widmen, die uns wenige wie Adorno gelehrt haben. Seine »Negative Dialektik« ist vor wenigen Wochen erschienen, und wird nicht nur für Philosophen für lange Zeit einer jener Knochen sein, von denen Adorno gerne sagt, daß man an ihnen nagt – Adornos »Ästhetik« ist im Entstehen. Un-

sere Vorfreude darauf ist eins mit der Freude, ihn heute abend hören zu können.

Anstelle des letzten Absatzes (nach »vorbeigeht«) sagte Szondi angesichts der Situation:

Zu dem Flugblatt des SDS, das Sie wohl alle gesehen haben, sei mir noch ein Wort erlaubt. Ich habe Herrn Professor Adorno mit eingeladen, und ich habe gestern vor dem Landgericht ein vierzehnseitiges Gutachten verlesen. Störungen des Vortrags muß ich als Honorierung meiner Bemühungen ansehen, einerseits den Studenten der FU zu ermöglichen, anderes zu hören, als sie sonst in Berlin hören, andererseits einem Staatsanwalt unmöglich zu machen, was er nicht hören will, mit Zuchthausstrafe zu beantworten.
Ich bitte diejenigen unter Ihnen, meine Damen und Herren, die sich den Vortrag nicht anhören wollen, wie sie es angekündigt haben, genauer: wie es ihnen der SDS empfohlen hat, den Saal jetzt zu verlassen. Nach einigen Minuten wird dann Professor Adorno das Wort ergreifen und zum Klassizismus der Goetheschen »Iphigenie« wohl sehr viel weniger Klassizistisches sagen, als es die Leute wahrhaben wollen, die heute Mao-Sprüche nicht anders zitieren, als es einst ihre Großväter mit den Sprüchen der Weimarer Dichterfürsten taten.
Wenn *ich* aber einen Spruch aus Adornos »Minima Moralia« zitieren darf, so ist es dieser: »Bange machen gilt nicht.« Dabei soll's bleiben.

Nach dieser Einleitung gingen tatsächlich einige. Andere begannen, sowie Adorno zu sprechen anfing, Spruchbänder zu entrollen: »Ifigenisten aller Länder, vereinigt euch!« und »Berlins linke Faschisten grüßen Teddy den Klassizisten«[1]. Die Transparente wurden ihnen

1 Von »linkem Faschismus« hatte kurz zuvor Adornos Schüler Habermas im Zusammenhang mit einigen Konzeptionen des SDS gesprochen. – »Teddie« wurde Adorno von Freunden genannt.

von anderen Studenten weggenommen und zerknüllt; nach einer erneuten Aufforderung Adornos verließen weitere Studenten den Saal (insgesamt blieb er erheblich voll). Der weitere Verlauf des Vortrags »Zum Klassizismus von Goethes Iphigenie«[2] war nur mehr durch gelegentliches Türschlagen und Lärm von draußen gestört. Am Ende wollte eine Studentin, die zuvor an der Transparent-Aktion beteiligt gewesen war, Adorno einen aufgeblasenen roten Gummi-Teddy überreichen. Ein Student schlug ihn ihr aus der Hand, was von Adorno als »Akt der Barbarei« mißverstanden oder verstanden wurde.
Zwei Tage später fand dann doch eine Diskussion mit Adorno im SDS-Büro statt.[3] – Am 21. 7. 67 gab Szondi gemeinsam mit den beiden AStA-Vorsitzenden Häussermann und Wilhelmer folgende Erklärung ab:

Nach den Demonstrationen anläßlich des Gastvortrags von Professor Adorno am 7. Juli kamen Herr Häussermann und Herr Wilhelmer, 1. und 2. Vorsitzender des AStA der FU, und Professor Szondi, der die Vortragsveranstaltung eingeleitet hatte, zu einer Aussprache zusammen. Sowohl die beiden AStA-Vorsitzenden als auch Professor Szondi sind der Ansicht, daß das politische Engagement der Studenten wie der Professoren zu deren staatsbürgerlicher Pflicht gehört. Ebenfalls teilen sie die Auffassung, daß die permanente kritische Überwachung jeglicher Autorität sowie die Demonstration daraus möglicherweise resultierender Mißbilligung in einer Demokratie selbstverständlich sein müßte. Sie halten aber an dem Grundsatz fest, daß durch Demonstrationen weder Lehrveranstaltungen noch Gastvorträge gestört werden dürfen.

2 Abgedruckt in: Neue Rundschau 78. Jg. 1967, H. 4, pp. 586-599.

3 Quellen: Tagesspiegel 9. 7. 67, FAZ 10. 7. 67, Der Spiegel 30/1967; Flugblätter des SDS und der »Kommune II«.

6. »Politisches Mandat« und Urabstimmung
Juli 1967

In der »Zeit« vom 14. 7. 1967 und im »Tagesspiegel« vom 22. 7. 67 erschien ein Artikel von Theodor Eschenburg unter dem Titel »Wo die Studenten sich irren«. Anläßlich eines Offenen Briefes, in dem der AStA der Freien Universität die Alliierten aufgefordert hatte, einer etwaigen Übernahme der Notstandsgesetze der Bundesrepublik in West-Berlin nicht zuzustimmen, beklagte Eschenburg, daß der AStA, wie schon häufiger, obwohl er die Studentenschaft als einen Zwangsverband vertrete, sich ein »politisches Mandat« aneigne und damit seine Aufgaben, zu denen auch die politische Bildung der Studenten gehöre, mißbrauche. Er forderte die zuständigen Behörden auf, energisch einzuschreiten, und diejenigen Studenten, die mit den politischen Meinungsäußerungen des AStA nicht einverstanden seien, gegen solche Beschlüsse gerichtlich vorzugehen.
Im »Tagesspiegel« vom 30. 7. 67 und in der »Zeit« vom 29. 7. 67 erschien ein Leserbrief von Szondi zu diesem Artikel:

Eschenburgs kritische Ausführungen zur Frage des politischen Mandats von Studentenvertretungen bedürfen einer Ergänzung:
Berliner Studenten, die einen Beschluß des Konvents oder des AStA mißbilligen, haben nach § 4, Abs. IV d der Satzung, welche die Studentenschaft der FU sich 1957 selbst gegeben hat, die Möglichkeit, eine *Urabstimmung* zu verlangen. Sie findet statt, wenn mindestens 20 Prozent der Studentenschaft sie fordern, in ihr kann unter anderem ein Beschluß des Konvents aufgehoben oder abgeändert werden (§ 4, Abs. III a).
Prozessieren ist also nicht der einzige Weg. Daß Studenten, die sich von ihren gewählten Vertretern nicht vertreten fühlen, vor der Anrufung einer außeruniversitären Instanz zurückschrecken, ist verständlich. Daß sie aber nicht einmal die Mittel ergreifen, die ihnen die eigene Satzung in die Hand gibt – die einzige Urabstimmung der letzten Jahre kam auf Beschluß des Konvents zustande –, läßt befürchten, daß es um die Selbstverständlichkeit der demokratischen Grundsätze, zum Beispiel der Pflicht, von

gewissen Rechten Gebrauch zu machen, in der Studentenschaft nicht besser bestellt ist als außerhalb der Universität.
Verzichten die Studenten darauf, die Handlungen ihrer Vertreter durch Ausübung ihrer satzungsmäßigen Rechte zu kontrollieren und, wenn die Mehrheit so befindet, zu ändern – ein Verzicht, den sie sich um so weniger leisten können, als Konventsbeschlüsse laut § 14, Abs. IV für alle Studenten bindend sind –, so wird eben jenes plebiszitäre Moment stillgelegt, das zu einer konsequent demokratischen Verfassung gehört und in der Satzung der Studentenschaft, anders als im Grundgesetz der Bundesrepublik, erfreulicherweise erhalten blieb.
Indem die Studenten das Plebiszit nicht als ein Mittel der Kontrolle von AStA und Konvent verwenden, lassen sie es zu einem bloßen Kampfmittel ihrer Vertreter werden, das Bürgerrecht zum Bürgerschreck. Sie geben so nachträglich jenen recht, die bei der Ausarbeitung des Grundgesetzes aus der jüngsten deutschen Vergangenheit die traurige Lehre meinten ziehen zu müssen, allzu viel Volkssouveränität sei für das Volk ungesund.

Vgl. zu diesem Leserbrief Nr. 18. –

7. »Deutsche und Juden«
Oktober 1967

Am 4. 8. 66 fand in Brüssel im Rahmen der fünften Plenartagung des Jüdischen Weltkongresses eine Diskussion über das Thema »Deutsche und Juden – ein ungelöstes Problem« statt. 1967 erschien als Band 196 der edition suhrkamp der Abdruck der Eröffnungsrede von Nahum Goldmann, der Reden von Gershom Scholem, Golo Mann, Salo W. Baron und Eugen Gerstenmaier und der Grußadresse von Karl Jaspers. Am 2. 10. 67 brachte der Hessische Rundfunk im 2. Programm um 9.50 Uhr eine Glosse von Szondi über die Beiträge des damaligen Bundestagspräsidenten Gerstenmaier und des Philosophen Jaspers unter dem Titel »Stichworte bei meiner Lektüre«.
Gerstenmaiers Beziehung zur Vergangenheit äußerte sich in Ausdrükken wie »Blutschuld«, »Dunst der Düsternis und der Vergeblichkeit« (p. 96), »infernalische Gewalt und Dämonie des Bösen« (p. 100). In der gegenwärtigen Situation sah er einerseits »unfruchtbare Reue« (p. 97), anderseits eine »Abwehrhaltung« gegen NS-Prozesse, in der ein »Empfinden für die größte Schande« deutlich werde (p. 98), vor allem aber eine »innere Wandlung der Deutschen« (p. 98) und die Tatsache, daß der Geist des Widerstandes gegen Hitler »in den großen deutschen Parteien lebendig« sei (p. 102). Nur fehle leider noch das »innere Gleichgewicht zwischen Deutschen und Juden« (p. 103).
Im Unterschied davon sagte Jaspers gleich eingangs, »eine Lösung der entstandenen Probleme« vermöge er »nicht zu sehen« (p. 109). Er zitierte aus einer Rede, die er 1945 gehalten hatte: »Daß wir leben, ist unsere Schuld« (p. 110), die Schuld der »politischen Haftung« und des »passiven Dabeistehens« (p. 111). Ein Verzeihen der Überlebenden sei unmöglich (p. 112); die Wiedergutmachung sei die »minimale Erfüllung einer Pflicht« (p. 113), wobei freilich die Vermischung von moralischem Anspruch und formalem Recht neue Probleme aufwerfe (p. 114). – Für die jetzige Situation sei es nicht richtig, die Juden mit Israel oder mit der religiösen Gemeinschaft des Weltjudentums gleichzusetzen (p. 117), vielleicht solle man überhaupt nicht von den Kollektiven der Juden oder der Deutschen sprechen (p. 120). Die einzige Möglichkeit, die er trotz aller neuen oder überdauernden Ressentiments sehe, sei die Verständigung zwischen einzelnen Deutschen und einzelnen Juden. »Die einzelnen Juden sind ein wunderbarer Reichtum von Persönlichkeiten, bei einem so kleinen Volk vielleicht einzig durch ihre große Zahl. [...] Ich möchte zum Abschluß von einer kleinen, aussterbenden Gruppe solcher einzelnen sprechen, den deutschen Juden. [...] Öffentlich spielen sie keine Rolle. Die Dampfwalze der Geschichte geht über sie hinweg. Vor der Ewigkeit aber bedeuten die einzelnen vielleicht mehr als die Geschichte, die ohnehin für menschliche Erkenntnis im Ganzen ohne Sinn ist.« (p. 117 f.)

– Gerstenmaier bezog sich in einigen Sätzen seiner Rede auf eine kurz zurückliegende Veröffentlichung von Jaspers, das Buch »Wohin treibt die Bundesrepublik?«, das schon vor seinem Erscheinen und vor seinem partiellen Vorabdruck im »Spiegel« Gegenstand heftiger Kontroversen in der Presse geworden war. Jaspers vertrat darin die These, es bestehe die Gefahr, daß die Bundesrepublik sich von einer »Scheindemokratie« in eine Diktatur verwandle. Anzeichen dafür sah er in der sich verhärtenden Parteienoligarchie, in der verringerten parlamentarischen und öffentlichen Kontrolle, der zunehmenden Geheimhaltung von Informationen, der Lethargie und dem Streben nach absoluter Sicherheit in der Bevölkerung und vor allem in den Plänen zur Notstandsgesetzgebung.

»Deutsche und Juden« – unter diesem Titel versammelt ein Bändchen der edition suhrkamp vier Reden und eine Grußbotschaft, die 1966 auf der 5. Plenartagung des Jüdischen Weltkongresses in Brüssel verlesen wurden. Das Referat Gershom Scholems, das in seiner nüchternen Analyse, illusionslos und doch hoffnungsvoll, die anderen Reden weit überragt, schließt mit dem Satz: »Nur im Eingedenken des Vergangenen, das niemals ganz von uns durchdrungen werden wird, kann neue Hoffnung auf Restitution der Sprache zwischen Deutschen und Juden, auf Versöhnung der Geschiedenen keimen.« (p. 48) Welcher Art wird diese Sprache sein? Wie müßte heute gesprochen und wie dürfte nicht gesprochen werden, wenn es diese Sprache dereinst geben soll? Diese Fragen stellen sich bei der Lektüre der in Deutschland am stärksten beachteten Brüsseler Rede, der des Bundestagspräsidenten Gerstenmaier, und der wenig bekanntgewordenen Grußbotschaft, die der Philosoph Jaspers aus Basel nach Brüssel sandte.
Eine erste Antwort gibt Jaspers, wenn er mit den Worten einsetzt: »Der Massenmord an sechs Millionen Juden, vollzogen im Namen des Deutschen Reiches ...« (p. 109) Diese Worte nennen das Vergangene beim Namen. Anders verfährt Eugen Gerstenmaier. »Nur nichts mehr hören vom ganzen Schwindel, nur nichts mehr sehen vom Grauen des Abgrunds!«, so dächten viele Deutsche in

ihrem »instinktiven Verdrängungswillen« (p. 97). Aber auch er selber findet kaum andere Worte für das Geschehene: es sei die »Erscheinung des wahrhaft Bösen in der Geschichte der Deutschen« (p. 99) gewesen. Es liege ihm fern, versichert er, »mit einem Kopfsprung in die Gewässer der Metaphysik oder der theologischen Anthropologie den Teil der Mitverantwortung zu vernebeln, der an dieser Katastrophe dem deutschen Volk zufällt.« (p. 100) Läßt man einmal die Frage beiseite, warum Metaphysik zur Vernebelung beitragen muß, so bleibt festzuhalten, daß es eines solchen Beitrags hier nicht mehr bedarf. Denn Nebel herrscht, wo der im Namen des Deutschen Reiches vollzogene Massenmord auf den falschen Namen »Katastrophe« hört und die Verantwortung dafür nur in Form eines »Teils der Mitverantwortung« dem deutschen Volk »zufällt«. Man vergleiche damit die von keinem Dunst getrübte Sicht des Philosophen Jaspers, der feststellt, daß »wir [...] als Staatsbürger für die Handlungen des Staates hafteten, unter dem wir als Staatsangehörige lebten« (p. 110 f.), – ein Satz, der nicht minder für die Gegenwart gilt. Der »Teil der Mitverantwortung«, von dem Gerstenmaier allein wissen will, »fällt« dem deutschen Volk »zu«. War es gar Zufall, Mißgeschick? Gerstenmaiers Wortwahl tut alles, um solche Assoziation zu bestätigen. Der Satz seiner Rede, der in der Berichterstattung über den Brüsseler Kongreß von der Presse besonders gern zitiert wurde, ohne daß sie dessen Ungeheuerlichkeit wahrgenommen hätte, preist ein Deutschland, »das sich verschworen hat, daß ihm Ähnliches nie wieder passiert«. »Dieses Deutschland«, fügte Gerstenmaier hinzu, nicht bedenkend, wie ein solcher Satz auf die Überlebenden des Dritten Reiches wirken mußte, »dieses Deutschland ist [...] das größte und stärkste.« (p. 98) Aber passiert ist es ihm – wie der Verlust eines Regenschirms. Daß noch diese Assoziation von Gerstenmaiers Sprache und nicht vom bösen Willen des Lesers herrührt, zeigt seine Erklärung, er halte »die Anlage« des Brüsseler Kongresses »mit seiner eindringlichen historischen Vergegenwärtigung [...] schon deshalb für richtig, weil man sehen muß, was man verloren hat« (p. 97). Als ginge es, als dürfte es darum gehen. Jaspers spricht nicht von dem, was Deutschland verloren hat, sondern von jenem Verlust, der keinen Verlierenden hinterläßt, vom Verlust des Lebens: »Ein Jude, der überlebt hat, kann für seine Person vielleicht verzeihen, was ihm angetan ist. Wer aber kann den Massenmord der sechs Millionen verzeihen? Ein Recht dazu hätten nur die Ermordeten selber. In ihrem Namen kann niemand sprechen, kein Mensch und kein Staat und keine religiöse Organisation.« (p. 112) Mit solcher Deutlichkeit kontrastiert bei Gerstenmaier der Dunst, in dem »das wahrhaft Böse« (p. 99) und das »Grauen des Abgrunds« (p. 97) zuhause sind. Doch Mythisierung schließt Banalisierung nicht aus. Wer sich scheut, das Geschehene beim Namen zu nennen, flüchtet sich in Perspektiven, die es bald als Dämonie zeigen, so daß »unser Erkenntnisvermögen« und »unsere moralische Orientierung« (p. 99) Gerstenmaier zufolge versagen, bald aber als Bagatelle, nach der man sich vornimmt, daß dergleichen einem nicht wieder passieren soll. Denn das erste Opfer war man ja selbst. »Erst als Hitler an der Macht war, erst als das andere Deutschland niedergetreten war und terrorisiert wurde, erst da konnte es Krieg und Judenmord geben.« (p. 101) So Gerstenmaier. Der Wehleidigkeit, die es dennoch nicht verschmäht, in der Sprache des Unmenschen von »Judenmord« zu sprechen, steht bei Jaspers wiederum unbestechliche Nüchternheit gegenüber, die sich selber nicht schont: »Halb wissend sind wir dabeigestanden, ohne etwas Wirksames zu tun.« (p. 110) Freilich: Gerstenmaier meinte, »nicht für sich, sondern für sein Land« (p. 96) sprechen zu sollen, während Jaspers gleich zu Beginn klarstellt, daß er »nur als einer unter den Deutschen« (p. 109) spricht. Solche Zurückhaltung war die Sache des Politikers nicht. Kaum hatte er eingeräumt, es seien »unserer Sprache – und unserer Gebärde – Grenzen gesetzt, die wir Deutsche auch dann nicht überschreiten dürfen, wenn uns das Herz dazu treibt«, begann er den nächsten Satz mit den Worten: »An die Adresse Gershom Scholems in diesem Zusammenhang ...« (p. 104) – eine Überschreitung zwar nicht der von Gerstenmaier beschworenen Grenzen, wohl aber jener der Höflichkeit. Vollends triumphiert deplacierte Selbstsicherheit in der Polemik gegen Jaspers: »Die jüngsten Prognosen«, heißt es hier, »eines bekannten Basler Professors über die Zukunft Deutschlands sind ebenso unbegründet und seine Analysen ebenso falsch wie die Furcht, die das Aufmucken kleiner rechtsradikaler Gruppen in der Bundesrepublik da und dort hervorgerufen hat.« (p. 101) Das war vor einem Jahr. Heute ist die NPD im Parlament von fünf Bundesländern vertreten. Wenn also die Prognosen von Jaspers so unbegründet und seine Analysen so falsch waren wie die Furcht vor dem Aufstieg der Rechtsradikalen, dann dürften jene Prognosen und Analysen sich noch schneller bewahrheiten, als Jaspers angenommen haben mag. Wenig Glück hatte Gerstenmaier auch mit einer anderen polemischen Korrektur. Gegen eine von Scholem zitierte Bemerkung Alfred Döblins aus dem Jahr 1948, das Wort »Jude« sei in Deutschland ein Schimpfwort geblieben (p. 22 f.), wandte er ein, das gelte für die »Reste des verfaulten Nazismus« (p. 103), aber was besage das? Das Vokabular von Polizisten und Berliner Bürgern, das in diesem Sommer demonstrierende Studenten vor der Deutschen Oper und in Neukölln zu hören bekamen, hat Döblins Bemerkung zwanzig Jahre danach noch bestätigt. Doch nicht der Irrtum ist Gerstenmaier vorzuhalten, sondern die Anmaßung, die freilich auch den Irrtum nur schlimmer macht. Anmaßung ist es, wenn ein Politiker, mit dem Anspruch, nicht für seine Person, sondern für ein ganzes Land zu sprechen, Ansichten und Prognosen einzelner verurteilt und den Philosophen Jaspers, der 64 Jahre seines Lebens in Deutschland verbracht hat, als »bekannten Basler Professor« einführt – als habe sich hier ein Ausländer Sorgen gemacht. Die Intoleranz, die einen Andersdenkenden gleichsam mit dem stilistischen Mittel der Umschreibung ausbürgert, ist die Kehrseite der falschen Toleranz, die den Juden nur als Deutschen, nur als »Mitbürger« kennt. Ein »Judenproblem« habe es erst gegeben, »als Hitler vor den Toren der Macht stand. Unsere jüdischen Mitschüler galten uns ganz selbstverständlich als Deutsche.« Und daran habe sich für ihn »auch später gar nichts geändert« (p. 98). Solcher Haltung steht die Ansicht von Jaspers gegenüber, daß das Gespräch, um das es geht, »zwischen einzelnen Juden und einzelnen Deutschen, beide sie selbst, beide ihres Judeseins und Deutschseins bewußt« (p. 119 f.), stattfinden soll, »als Versöhnung der Geschiedenen«, wie Scholem sagte. Die Sprache dieser künftigen Versöhnung dürfte nicht zuletzt die nüchterne Entschlossenheit vorbereiten helfen, allem Quidproquo abgewandt, Menschen und Dingen ihre Namen zu lassen.

8. Die »Kritische Universität«
Oktober 1967 – Dezember 1968

Die Initiatoren der »Kritischen Universität« verstanden diese als aus dem Ungenügen hervorgegangen, das Studenten und Assistenten nach dem 2. Juni 1967 empfunden hätten: die Gründe des Protests nicht fundiert artikulieren zu können. Als Ziel gaben sie an, Theorie und Praxis miteinander zu vermitteln, auf eine Weise zu studieren, die Vorbereitung und Reflexion des Handelns ermöglichen würde. Auf Initiative des nach dem 2. Juni gegründeten Hochschulaktionskomitees des AStA beschloß ein Kreis von Assistenten und Studenten verschiedener Berliner Hochschulen, eine »freie Studienorganisation« zu bilden, deren Veranstaltungen auch für Nicht-Studenten offen sein sollten. Vor den Sommerferien entstand ein provisorisches Programm dieser »Kritischen Universität«, das während der Ferien weiter ausgearbeitet werden sollte.

Gemäß diesem provisorischen Programm waren die Ziele »freie, umfassende Bildung«, »lebendiges und ökonomisches Studium«, »permanente Hochschulkritik«, »praktische Vorwegnahme von Studienreform« und, als Zitat eines Flugblattes vom Mai 1967 »Was will der AStA der FU?«, unter den Studenten »und im öffentlichen Leben die politische Bildung und Betätigung zu fördern, die der Ausgestaltung demokratischer und rechtsstaatlicher Verhältnisse durch die Anwendung wissenschaftlicher Erkenntnisse dienen«. Zu Beginn der Broschüre wurde versucht, aus einer Analyse der wirtschaftlichen Lage der Bundesrepublik und West-Berlins nach dem Abflauen des Wirtschaftswunders zu erklären, warum der Wissenschaftsrat versuche, den Elfenbeinturm in eine »Elfenbeinfabrik« zu verwandeln (vgl. Nr. 2). Diesem Schicksal vorzubeugen, wurde die gemeinsame Organisation eines andersartigen Studiums gefordert sowie die Verständigung mit Arbeitern und Angestellten.

Zu den praktischen Vorhaben gehörten einerseits Vorlesungsrezensionen, Prüfungskritiken, »Parallelseminare«, Vorlesungsskripten, Lektürepläne, Studien- und Prüfungsführer, andererseits »wissenschafts- und gesellschaftskritische theoretische Seminare«, »Arbeitskreise und Einladung von Gastdozenten zu neuartigen und unterdrückten Lehr- und Forschungsgebieten«, »wissenschaftlich-kritische Vorbereitung und Auswertung politischer Aktionen«, Untersuchung von »Wissenschaftspolitik und Gesellschaftspolitik in Hochschule und Berufsleben«, Dokumentationen und Publikationen. Vorgeschlagene Themen, jeweils mit einer kurzen Skizzierung der Zielvorstellungen, Gliederung in Arbeitskreise und ersten Literaturhinweisen, waren z. B. »Die rechtliche Situation West-Berlins: Völkerrecht, Verfassungsrecht und Notstandspläne«, »Demokratisierung der Schule«, »Das Modell Kuba und die Zukunft Lateinamerikas«, »›Machtgeschützte Innerlichkeit‹ und die Sprache des Terrors«, »Arbeitsmedizin«, »Sexualität

und Herrschaft«, »Psychoanalyse und Kulturanthropologie«, »Architektur-, Stadt- und Regionalplanung am Beispiel Berlins«.
Kurz nach Veröffentlichung des provisorischen Programms forderte Rektor Lieber ein Gutachten darüber von einigen Professoren an. Es wurde schließlich von den Professoren Knauer (Klassische Philologie) und Borinski (Erziehungswissenschaft) verfaßt. Letzterer war zu dieser Zeit Senatsbeauftragter für Politische Bildung und Vorsitzender der aus den Forderungen des Sit-ins im Sommer 1966 hervorgegangenen Studienreformkommission (vgl. Nr. 2).
Dieses Gutachten kam zu dem Ergebnis, die »Kritische Universität« verfolge einen »alles beherrschenden aktivistisch-politischen Zweck«; was sie unter »Demokratisierung« verstehe, sei »an eine einseitige gesellschafts- und wissenschaftspolitische Richtung gebunden«, harmlos klingende Formulierungen dienten nur dazu, das wahre Ziel, die »politische Gleichschaltung« und die »Machtergreifung«, zu verschleiern. Dies versuchten Knauer und Borinski mit einigen Zitaten zu belegen; was nach ihrer Ansicht verschleiert werde, sollte durch eine Darstellung der vermuteten Genealogie der Broschüre bewiesen werden: zunächst meinten sie, eine geistige Verwandtschaft zwischen den Initiatoren der »Kritischen Universität« und den Verfassern des berüchtigten Flugblattes vom 26. 11. 66 (vgl. Nr. 3) feststellen zu können, weil in beiden Schriften »Organisation« gefordert werde. Dieses Flugblatt war ihrer Meinung nach beeinflußt von dem Buch »Hochschule in der Demokratie« von Nitsch, Offe, Gerhardt, U. K. Preuß (Berlin, Luchterhand 1965), das, wie sie schrieben, die Grundlage bildete für das Flugblatt »Was will der AStA der FU?« vom Mai 67, für einen unveröffentlichten Plan einer Gegenuniversität, für den unveröffentlichten »Versuch eines Protokolls« einer Beratung über eine Gegenuniversität und schließlich für das provisorische Programm der »Kritischen Universität«, wobei die Verbindung teilweise durch Gleichheit der Verfasser aus SDS-Kreisen hergestellt wurde. In dem Buch, den beiden Flugblättern und den Manuskripten glaubten die beiden Gutachter zu finden, was die Broschüre verheimliche, daß es nämlich nicht um Studienreform gehe, sondern um die »Unterwanderung« der Universität und um die »Veränderung« und die »Umwälzung der Gesellschaft«.
Auf praktischer Ebene befürchteten sie, daß die »Kritische Universität« zum »Herd permanenter Störung« werden müsse, weil durch die geplanten Parallelseminare, Vorlesungsrezensionen, öffentlichen Disputationen und Publikationen Störungen etwa in Gestalt von »dauernder physischer und geistiger Anspannung vieler Mitglieder des Lehrkörpers und der Studenten« eintreten würden. Dem Rektor und dem Akademischen Senat wurde daher empfohlen, keine Räume für die »Kritische Universität« zur Verfügung zu stellen, zumal zur Verwirklichung der vorgeblich angestrebten Ziele die Arbeit der Studienreformkommission, die politische Bildungsarbeit und die normalen Veranstaltungen des AStA genügen würden.
Das Gutachten schloß mit drei Fragen an den AStA, 1. ob die »Kritische Universität« »als Beitrag zur Hochschul- und Studienreform oder als Beitrag zur politischen Aktion gedacht« sei, 2. ob der AStA

bei der Gründung »als Organ der Studentenschaft und damit als Organ der Freien Universität« handele oder »als Organ außeruniversitärer politischer Kräfte«, 3. ob es sich bei den geplanten Veranstaltungen »um das Lernen kritischer Wissenschaft oder um die Schulung in politischer Opposition und für politische Aktionen« handele.
Das Gutachten wurde am 13. 9. 67 abgeschlossen. Am 18. 9. fand eine Sondersitzung des nur noch für kurze Zeit amtierenden Akademischen Senats statt. Nach 20minütiger Lektüre des 22seitigen Gutachtens beschloß der Senat mit einer Gegenstimme, der »Kritischen Universität« keine Räume zur Verfügung zu stellen, das Gutachten zu veröffentlichen und den AStA zu einer Stellungnahme aufzufordern, weil der Senat durch Knauer und Borinski davon überzeugt worden sei, daß eine geistige Verwandtschaft zwischen der Broschüre und dem Flugblatt vom 26. 11. 66 bestehe, und daß die »Kritische Universität« keinen Beitrag zur Hochschulreform, sondern zur politischen Aktion leisten wolle.
Aus Protest trat der 1. AStA-Vorsitzende zurück. Am 13. 10. gab der AStA eine detaillierte Stellungnahme ab, in der er dem Knauer-Borinski-Gutachten vorwarf: statt rational zu argumentieren baue es mit Hilfe von Reizwörtern eine »Verschwörungstheorie« auf; durch Ausklammerung inhaltlicher Probleme bleibe allein das formale Moment der »Störung« übrig; durch das postulierte wissenschaftliche Selbstverständnis der FU werde jegliche Wissenschaft, die eine Zielvorstellung habe, welche Wissenschaft und Gesellschaft, Theorie und Praxis miteinander zu vermitteln suche, abqualifiziert. Wenn der Vorwurf des »Aktivismus« als Gegensatz zu »folgenloser Kontemplation« gemeint sei, wolle man sich gern zu jenem bekennen; im übrigen sei die »Kritische Universität« gerade zur Verhinderung von blindem Aktivismus gedacht. Die abschließenden Fragen könnten aufgrund der falschen Alternativen nicht beantwortet werden.
Ungefähr gleichzeitig wurde ein Gegengutachten von Prof. Gollwitzer mit dem Titel »Von der Wissenschaftlichkeit eines wissenschaftlichen Gutachtens« verbreitet. Es warf Knauer und Borinski vor, philologisch, pädagogisch und politisch »nicht weise« vorgegangen zu sein: das Gutachten übersehe den vorläufigen Charakter der Broschüre und die Pluralität der Verfasser; es gehe nicht auf eine mögliche mündliche Befragung zurück, es neige zur »interpretatio pessima«; es benutze Begriffe, ohne sie zu definieren; es frage nicht nach der historischen Genese; es stelle Gefahren als Tatsachen hin; es ziehe Schlußfolgerungen aus unzulänglich nachgewiesenen Ähnlichkeiten; es zeige Mangel an Selbstkritik; es vernachlässige die Beziehungen zwischen Wissenschaft und Gesellschaft.
Am 24. 10. 67 wurde das Gegengutachten von Szondi verbreitet:

Zur Methode des Gutachtens Knauer/Borinski über die Broschüre »Kritische Universität«

1. *Das Gutachten zitiert aus den Dokumenten, was seine These stützt, und verschweigt, was dieser widerspricht.*

a) Das Gutachten behauptet die »geistige Identität« (S. 7) eines am 26. 11. 1966 »auf der Veranstaltung des AStA« (S. 1) verteilten Flugblatts und der vom AStA herausgegebenen Broschüre »Kritische Universität« (K.U.). Es verschweigt, daß dieses Flugblatt sich gegen die Studentenvertretung wendet, da sie »nur im konzessionierten Rahmen agieren« könne, und daß es dem AStA »Kollaboration« vorwirft.

b) Das Gutachten zitiert aus dem vorgeschlagenen Programm für ein Seminar über die »rechtliche Situation West-Berlins« (S. 6) und kommt zum Schluß, es werde hier »ohne Umschweife die politische oppositionelle Gegenwirkung zur Aufgabe eines wissenschaftlichen Arbeitskreises gemacht« (S. 6). Es verschweigt, daß in diesem Arbeitskreis »geprüft werden« soll, »welche Möglichkeit besteht, den Verfassungsauftrag zur Errichtung eines Verfassungsgerichtshofs zu erfüllen« (S. 13).

c) Das Gutachten wirft den Literaturangaben der Broschüre Einseitigkeit vor (S. 5) und zitiert Publikationen des SDS und seines Umkreises. Es verschweigt, daß in den Literaturangaben auch Schriften folgender Autoren figurieren: Ernst Forsthoff, David C. McCleeland, J. M. Keynes, Thomas Mann, Julius Bab, Ernst Alker, Heinz Kindermann, Horst Rüdiger, Rudolf Unger, Gustav Bally und Hans Albert, der in der Soziologie zu den schärfsten Kritikern der »Frankfurter Schule« (Adorno, Habermas u. a.) gehört.

2. *Das Gutachten benutzt die Quellen unkritisch.*

a) Das Gutachten zitiert (S. 11 u. S. 17) Äußerungen von Initiatoren der K.U. aus einem Maschinenmanuskript:

»Beratungen über eine Gegenuniversität«, »Versuch eines Protokolls von S. Leibfried«, ohne zu prüfen, ob es sich bei diesem Text um die genaue Wiedergabe der Diskussion vom 18. 6. 1967 handelt, und ohne zu bedenken, daß das Wort »Versuch« im Titel dagegen spricht. (Nach Auskunft eines der Gesprächsteilnehmer ist dieser »Versuch eines Protokolls« von den Beteiligten nicht autorisiert und bei einer zweiten Besprechung abgelehnt worden.)

b) Das Gutachten »erinnert« an ein Interview von Rudi Dutschke, »in dem dieser bejaht, daß die Gegen-Universität ›auch zum Arsenal direkter politischer Aktionen gehöre‹« (S. 5). Es wird nicht beachtet, daß Rudi Dutschke nicht im Namen des AStA sprechen kann, dem er nicht angehört, und es wird nicht gefragt, ob die von ihm erwähnte Gegen-Universität mit der K.U., die allein Gegenstand des Gutachtens ist, identisch sei.

c) Das Gutachten ist der Ansicht, die Analyse der Broschüre über die K. U. bedürfe des Vergleichs mit anderen Schriften »nicht nur, weil sie einander ergänzen, sondern weil bestimmte Absichten und Tendenzen in ihnen unverhüllter hervortreten und sich daher schärfer fassen lassen« (S. 9). Zu diesen Schriften gehöre das Flugblatt des »Provisorischen Komitees zur Vorbereitung einer studentischen Selbstorganisation« vom 26. 11. 1966 und ein von Wolfgang Nitsch stammender Entwurf über die »Kritische Universität«. Das Gutachten prüft nicht, ob das gegen den AStA gerichtete Flugblatt vom 26. 11. 1966, dessen Verfasser und Adressaten Studenten sind, »die sich bewußt verweigern«, mit der AStA-Broschüre »Kritische Universität«, deren Absicht es u. a. ist, das Studium »unmittelbar interessanter und lebendiger werden zu lassen« (S. 6), in der Weise verglichen werden kann, daß »Tendenzen«, die in der einen Schrift »unverhüllter hervortreten und sich daher schärfer fassen lassen«, auch der anderen Schrift unterstellt werden dürfen. Ebenso wenig prüft das Gutachten, ob die Broschüre sich nicht deshalb in gewissen Punkten von Nitsch's Entwurf unterscheidet, weil dieser Entwurf in der Diskussion abgeändert wurde. An die Stelle kritischer, d. h. auf die Erkenntnis der Unterschiede zielender, Quellenbenutzung tritt eine dogmatische, die von der unbewiesenen »geistigen Identität« der verschiedenen Schriften ausgeht und daher Differenzen zwischen ihnen bloß als solche des mehr oder weniger ›verhüllten‹ Ausdrucks identischer Tendenzen gelten läßt. Weil das Gutachten unterstellt, diese verschiedenen Schriften bildeten ein Ganzes, ohne daß dies bewiesen wird, kann es behaupten, daß sie »einander ergänzen« (S. 9), so daß die von der Broschüre differierenden Texte für die Analyse der Broschüre nicht als irrelevant erachtet werden, sondern gerade *weil* sie anderes als die Broschüre besagen, als diese ›ergänzend‹ und zu deren Analyse gehörig ausgegeben werden können.

3. *Das Gutachten überprüft den Beweischarakter der Indizien nicht.*
a) Das Gutachten scheint ein Indiz darin zu sehen, daß das Flugblatt vom 26. 11. 1966 die Unterschrift »provisorisches Komitee zur Vorbereitung einer studentischen Selbstorganisation« trug, während die K.U. als »freie Studienorganisation der Studenten ...« bezeichnet wird. Da »Organisation« im Flugblatt eine Gegengründung zum AStA meint, im Untertitel der Broschüre hingegen ein von der Hochschulabteilung des AStA getragenes Projekt bezeichnet, ist das Auftreten des Wortes in beiden Texten kein Zeichen ihrer »geistigen Identität« (S. 7).
b) Das Gutachten erblickt ein Indiz der behaupteten »geistigen Identität« beider Texte darin, daß in ihnen »von der Universität als einer Fabrik« (S. 1) die Rede ist. Da indessen diese Auffassung die »Empfehlungen des Wissenschaftsrats zur Neuordnung des Studiums« zu bestimmen scheint und deshalb nicht nur im Flugblatt, sondern auch in der Stellungnahme, welche die »Beratungs-

kommission für Fragen der Studienreform« (Vorsitzender: Professor Dr. F. Borinski) zu den »Empfehlungen« des WR ausgearbeitet hat, von einem »Ausstoß« die Rede ist (S. 6, in Anführungszeichen), besitzt solche Fabrikmetaphorik für die Identitätsthese des Gutachtens keinen Indizwert.

4. *Das Gutachten stellt falsche Behauptungen auf.*
a) Die Behauptung des Gutachtens, zum Arbeitskreis »Hochschulgesetzgebung, Hochschulreform ...« würden als »Literatur (...) ausschließlich Schriften des SDS und von Herbert Marcuse angegeben neben dem Sonderdruck ›Was will der AStA?‹« (S. 5), ist falsch: Der in der Broschüre ebenfalls erwähnte Aufsatz »Studienreform ohne Hochschulreform?« (Deutsche Universitätszeitung, Dezember 1966) stammt von Berliner Mitgliedern einer Kommission des VDS.
b) Das Gutachten behauptet, es bedürfe »keines besonderen Seminars außerhalb des normalen Lehrbetriebes der Germanistik, um über den ›schließlich faschistoiden Charakter der Germanistik‹ zu arbeiten«, da »die Untersuchung gerade dieses wichtigen Themas (...) seit Jahren von der jüngeren Germanistengeneration vorangetrieben« (S. 7) wird. Diese Behauptung ist falsch. Weder findet sich die in der Broschüre vorgeschlagene »nicht nur wissenschaftstheoretische und methodologische Diskussion« über die Gründe, die »bis zur Gegenwart den vorwiegend affirmativen, wenn nicht restaurativen und schließlich faschistoiden Charakter der Germanistik bestimmten« (S. 19), in den vom Gutachten genannten Arbeiten, noch ist sie in den »normalen Lehrbetrieb der Germanistik« eingegangen. Indem das Gutachten aus dem Programm des Seminars »Verschüttete Aufklärung – der affirmative Charakter der gegenwärtigen Literaturwissenschaft« allein den Satzteil über den »schließlich faschistoiden Charakter der Germanistik« zitiert und in Kauf

nimmt, daß das Wort »schließlich« darüber unverständlich wird, erweckt es den falschen Eindruck, als ginge es in dem vorgeschlagenen Seminar nur um die NS-Germanistik. Allein dieses Thema, nicht aber das mit dem Titel des Seminars umrissene, ist »von der jüngeren Germanistengeneration vorangetrieben« worden – und auch dies überwiegend auf Tagungen und im Rahmen von Ringvorlesungen, nicht aber im »normalen Lehrbetrieb«.

5. *Das Gutachten führt für seine Behauptungen Beispiele an, die keine sind.*
a) Daß der K.U. ein »aktivistischer Zug« (S. 4) eigen sei, belegt das Gutachten u. a. mit dem Projekt, Vorlesungsskripten, Lektürepläne, Studien- und Prüfungsführer zu verkaufen. Inwiefern eine solche Tätigkeit, die an vielen Universitäten des Auslands zu den wichtigsten Aufgaben der Studentenvertretung gehört, Aktivismus sein soll, ist unerfindlich. Wie die Begründung fehlt im Gutachten auch der Hinweis, daß seit Jahren in den Diskussionen über Hochschulreform Kritik an der Institution der ›großen Vorlesung‹ sowie am Fehlen von reading-lists und Studienplänen geübt wird, ohne daß viel geschieht.
b) Das Gutachten unterstellt der K.U., wenngleich nur in Frageform, die Absicht einer »Zensur der Lehrveranstaltungen der FU« (S. 15). Diese Absicht will es in dem Vorhaben der K.U. erblicken können, »Empfehlungen und kritische Hinweise zum Besuch bestimmter Seminare, Übungen und Vorlesungen« (S. 15) zu geben. Warum solche Hinweise, die an amerikanischen Universitäten als Freshmen's Guide alljährlich veröffentlicht werden, eine Zensur darstellen sollen, bleibt unerfindlich.

6. *Das Gutachten geht von falschen Voraussetzungen aus.*
a) Das Gutachten ist der Ansicht, »Kritische Universität« werde in der Broschüre als ein »Vereinsname« gebraucht, »der einer neu zu gründenden studentischen Vereinigung

gegeben wird, die nach § 26 der Universitätsordnung wohl nächstens einen Antrag auf Zulassung stellen könnte« (S. 17). Anschließend wird die Frage gestellt, ob die K.U. geeignet ist, »einen förderungswürdigen Beitrag zur Erfüllung der der Universität gestellten Erziehungsaufgaben« zu leisten, und mit Nein beantwortet. Das Gutachten verkennt, daß die K.U. von der Hochschulabteilung des AStA getragen wird, der AStA aber als Vertretung eines der Universitätsorgane die Förderungswürdigkeit seiner Vorhaben nicht unter Beweis zu stellen hat.
b) Das Gutachten ist der Ansicht, die K.U. beabsichtige »Werbung und Schulung für Aktionen der außerparlamentarischen Opposition« (S. 20), und stellt die Frage, ob der AStA »bei Gründung der Organisation bzw. Institution ›Kritische Universität‹ als Organ der Studentenschaft und damit als Organ der Freien Universität« handelt oder »als Organ außeruniversitärer politischer Kräfte« (S. 21). Das Gutachten verkennt, daß die an der Universität zugelassenen studentischen Vereinigungen SHB und SDS, die im AStA die Majorität bilden, ferner LSD und HSU die außerparlamentarische Opposition mit ausmachen.

7. *Das Gutachten interpretiert auf Grund eigener Vorstellungen, die unbefragt bleiben.*
a) Die Frage, was mit »kritisch« in der Bezeichnung »Kritische Universität« gemeint ist, versucht das Gutachten zu klären, indem es drei mögliche Bedeutungen aufzählt: 1) »im Sinn der kritischen Wissenschaft«, 2) »eine kritische Gegenstellung gegen die bestehende Universität«, 3) »Kritik an der Gesellschaft« (S. 2). Bei Bedeutung 1) wäre die K. U. überflüssig, bei 2) eine Gegenuniversität, bei 3) wäre »das Wesen der kritischen Wissenschaft gesellschaftspolitisch verengt« (S. 2). Das Gutachten ist der Ansicht, daß sich diese drei Bedeutungen in den Ausführungen der Broschüre vermischen.

Durch dieses Verfahren wird die Interpretation der Broschüre in zweifacher Weise präjudiziert. Erstens werden nur jene drei möglichen Bedeutungen ins Auge gefaßt, weitere somit ausgeschlossen. Zweitens werden die drei genannten Arten der Kritik vom eigenen, als selbstverständlich vorausgesetzten Kritik-Begriff her bewertet. Zulässig im Sinne des Gutachtens ist nur solche Kritik, deren Objekt weder die Universität noch die Gesellschaft ist. Daß die an der Universität betriebene »kritische Wissenschaft« die Universität selbst, ihre Institutionen und ihre Rolle in der Gesellschaft, zum Gegenstand der Kritik machen könnte, ist dem Gutachten selbst als Interpretationsmöglichkeit für die Broschüre unbekannt, obwohl in dieser die »Verbindung von *permanenter Hochschulkritik* mit der praktischen Vorwegnahme von Studienreformen« (S. 6) als eine der Aufgaben der K.U. bezeichnet wird. Indem das Gutachten in einer Kritik der Studenten am Wissenschaftsbegriff vieler ihrer Lehrer bereits eine »kritische Gegenstellung gegen die bestehende Universität« sieht, vertritt es einen Standpunkt, für den erstens kritische Studenten nicht zur Universität gehören und für den zweitens das Selbstverständnis der etablierten Wissenschaft nicht mehr kritisch in Frage gestellt werden darf.

b) Das Gutachten übersieht oder verschweigt, daß auch an der »bestehenden« Universität der von ihm vorausgesetzte Wissenschaftsbegriff umstritten ist. Es zitiert aus dem Buch »Hochschule in der Demokratie« einige Sätze zur Wissenschaftstheorie. Die These, daß »die Beziehung der Weisen und Perspektiven wissenschaftlichen Fragens auf ein politisches Ziel hin (...) eine konkrete Vorstellung über dieses Ziel voraus(setzt), die sich aus einem bestimmten Begriff des Menschen herleitet«, welcher Begriff »kein selbstverständliches Produkt von *Erfahrung*« ist, »sondern (...) in einer *Entscheidung*« (S. 12) wurzelt, kommentiert das Gutachten mit dem Satz, sie bedeute »wissenschaftsgeschichtlich (...) einen Rückschritt um über 150 Jahre« (S. 13). Die zitierte These gehört in den Zusammenhang einer in die 30er Jahre zurückreichenden und seit der Tübinger Arbeitstagung 1962 der Deutschen Gesellschaft für Soziologie besonders intensiv geführten Diskussion über die Logik der Sozialwissenschaften. Es handelt sich um eine Auseinandersetzung zwischen den Vertretern einer kritischen Theorie der Gesellschaft (Horkheimer, Adorno, Habermas u. a.) einerseits und den Anhängern einer empirisch-analytischen Soziologie im Sinn des Positivismus (Popper, Albert u. a.) andererseits. Indem das Gutachten die Konzeption der »Frankfurter Schule« als einen »Rückschritt um über 150 Jahre« in der Wissenschaftsgeschichte bezeichnet, bekennt es sich, ohne es ausdrücklich zu sagen, zum positivistischen Standpunkt. Zugleich begeht es den wissenschaftsgeschichtlichen Fehler, einen Rückschritt um über 150 Jahre einer Theorie vorzuwerfen, deren Disziplin, die Soziologie, es vor 150 Jahren noch gar nicht gab.

c) S. 19: »Arbeiterbildungskurse können und dürfen keine wissenschaftlichen Lehrveranstaltungen sein...« (sic!).

8. *Das Gutachten unterläßt es, die Frage der Motivation und Berechtigung der zu begutachtenden Behauptungen und Forderungen zu stellen.*

a) Wird in der Broschüre behauptet, »Staats- und Wirtschaftsführung« trieben wegen der Gefährdung der »bestehenden Herrschafts- und Interessenkonstellationen« die »Aushöhlung der politischen Demokratie und Rechtsstaatlichkeit« voran (S. 4), so begnügt sich das Gutachten mit der Behauptung, die »von der ›Kritischen Universität‹ vertretene Strukturreform der Universität« bilde »zur heutigen Staats- und Wirtschaftsführung« »einen absoluten Gegensatz« (S. 3). Weder wird gefragt, ob es Zeichen einer »Aushöhlung der politischen Demokratie und

Rechtsstaatlichkeit« gibt oder nicht, noch wird untersucht, welche Rolle in der bisherigen Reaktion auf »antiautoritäre Strukturreformen« (S. 2) Gruppeninteressen spielen. Behauptet das Gutachten, die von der K. U. vertretene Reform werde »in einen absoluten Gegensatz gestellt zur heutigen Staats- und Wirtschaftsführung«, so wird übersehen, daß zu einem Gegensatz zwei gehören.
b) Das Gutachten ist der Ansicht, daß bei der in der Broschüre vertretenen Auffassung von Arbeitsmedizin als einer »Anweisung (...), die historischen Ursachen des Krankwerdens in der Arbeit zu verändern und schließlich abzuschaffen« (S. 20), »der utopische, nicht mehr wissenschaftliche Charakter (...) nur zu deutlich« wird (S. 7). Weder wird geprüft, ob der Vorwurf, die Arbeitsmedizin begnüge sich mit der »Bestandsaufnahme« (S. 20), zu Recht besteht oder nicht, noch wird bedacht, daß Ursachen des Krankwerdens, soweit sie historisch, d. h. gesellschaftlich bedingt sind, sich ändern, also auch geändert und unter Umständen abgeschafft werden können. Einer so orientierten Sozialmedizin den wissenschaftlichen Charakter absprechen heißt, der Wissenschaft das Recht nehmen, das, was sie registriert, als veränderbar zu erkennen und die Möglichkeiten der Veränderung aufzuzeigen. Es ist ein Bekenntnis zum Positivismus.

9. *Das Gutachten arbeitet mit Unterstellungen.*
Das Gutachten ist der Ansicht, daß die von der K.U. beabsichtigten »Protestaktionen gegen den ›Mißbrauch der Wissenschaft für inhumane und destruktive Zwecke‹« zu einer »Störung des ›normalen Lehr- und Forschungsbetriebes‹ werden« könnten (S. 16), »denn wo ist hier die Grenze?« Daß »eine Lehrveranstaltung über Vietnam oder allgemein über Entwicklungspolitik, die sich nicht auf die S. 19 (recte 17) angeführte Literatur beschränkt, sondern mit gründlicher, umfassender, sachlicher Fundierung es unternimmt, die vielschichtige Problematik dieser Fra-

gen aufzurollen«, von den »Initiatoren der ›Kritischen Universität‹ bereits (als) ein solcher Mißbrauch« gedeutet wird, liegt dem Gutachten zufolge wie »damit verbundene aktive Störungen in der Linie einer politisch-aktivistisch verstandenen kritischen Universität« (S. 16). Daß die K.U. eine solche Lehrveranstaltung als »Mißbrauch der Wissenschaft für inhumane und destruktive Zwecke« ansehen könnte, wird unterstellt und darüber vergessen, daß die resignierte Frage »wo ist hier die Grenze?«, die solche Unterstellung zu legitimieren hat, zugleich gegen den realen Mißbrauch der Wissenschaft für »inhumane und destruktive Zwecke«, wie ihn z. B. Mitscherlich für die Nazi-Medizin dargestellt hat, ohnmächtig macht.

10. *Das Gutachten bedient sich einer demagogischen Terminologie und Zitierweise.*

a) Das Gutachten behauptet, daß der in der Broschüre verwendete Begriff der Politisierung »einer politischen Gleichschaltung gefährlich nahekommt« (S. 5). Mit dem Wort »Gleichschaltung«, wie an anderer Stelle mit dem Wort »Machtergreifung« (S. 15), wird an die NS-Zeit erinnert. Statt nachzuweisen, daß die K.U. eine solche Gefahr bedeutet, verläßt sich das Gutachten auf die Wirkung, die solche Reizwörter hervorrufen, ohne daß der also geängstigte Leser noch fragt, ob die Gefahr wirklich besteht.

b) Sagt die Broschüre, die Studenten und die jungen Akademiker müßten sich »zur gesellschaftspolitischen Vertretung ihrer Interessen *organisieren*«, wozu die »Verteidigung der politischen Grundrechte« (S. 5) vordringlich sei, so spricht das Gutachten von einer »politischen Kampftruppe« (S. 3). Hält die Broschüre »auch die politische Zusammenarbeit und Verständigung mit den Arbeitern und abhängigen Angestellten« (S. 5) für erforderlich, so spricht das Gutachten von der Formierung einer »politische(n) Einheitsfront« (S. 3). Auf Grund eines Vergleichs der Broschüre mit dem Buch »Hochschule in der Demokratie« meint das Gutachten von einem »einheitliche(n) Konzept zur (...) Unterwanderung (...) der FU« (S. 12) sprechen zu dürfen, als wären die Initiatoren der K.U. nicht Angehörige der FU und als stellten sie ihren Plan nicht in der Öffentlichkeit zur Diskussion. Schlägt die Broschüre die Ausarbeitung von »detaillierte(n) juristische(n) und taktische(n) Hinweise(n) (...) zum Verhalten bei politischen Demonstrationen und Aktionen« (S. 13) in einem juristischen Arbeitskreis vor, so nennt es das Gutachten »Handreichungen für direkte politische Aktionen der außerparlamentarischen Opposition« (S. 6), als bestünde diese nicht mehrheitlich aus Studenten, als wären »direkte politische Aktionen« als solche strafbar, als hätte der 2. Juni 1967 nicht bewiesen, daß selbst Zuschauer bei politischen Demonstrationen und Aktionen »juristischer und taktischer Hinweise« bedürfen, und als könnte es nicht Aufgabe der Jurisprudenz sein, die Staatsbürger über ihre politischen Rechte aufzuklären.

c) Das Gutachten schreibt, die K.U. solle »den ›Druck der Hochschul- und Betriebsleitungen‹ durch Gegendruck, als ›Gegengewalt‹ (...) erwidern«, in der K.U. solle »sich eine politische Einheitsfront formieren« (S. 3). Das Gutachten erwähnt an dieser Stelle nicht, daß die Broschüre von Betrieben als den »Arbeitsplätze(n)« junger Akademiker (S. 5), von Gegengewalt »im Bereich von Wissenschaft, Schule und Intelligenz« spricht (S. 7). Die Formulierungen »Druck der Hochschul- und Betriebsleitungen« und »Gegengewalt« werden aus ihrem Kontext, welcher den Bezug zur Universität und zur Zukunft der Studenten herstellt, gerissen und zu einem neuen Satz zusammengesetzt, der allererst die K. U. als Gefahr für die Gesamtgesellschaft erscheinen läßt.

11. *Das Gutachten widerspricht sich selbst.*

Das Gutachten betont »ausdrücklich«, »daß die Universität als Stätte kritischer Wissenschaft selbst jederzeit bereit ist, sich der Kritik von innen und außen zu stellen« (S. 20). Läßt man die Frage beiseite, woher die Gutachter diese Gewißheit haben, da sie nicht einmal für die Freie Universität Berlin eine solche verbindliche Erklärung abzugeben befugt sein dürften, ist festzuhalten, daß dieser Aussage in Abschnitt IV der Satz in Abschnitt II widerspricht, demzufolge ›Kritik‹, wenn sie »eine kritische Gegenstellung gegen die bestehende Universität« meint (und eine andere Kritik an der Universität kennt das Gutachten an dieser Stelle nicht) »Opposition gegen den Lehr- und Forschungsbetrieb der Freien Universität« bedeutet, so daß die K.U. »zur Gegenuniversität« (S. 2) wird. Ein Gutachten, dessen Anfang und Ende bzw. dessen beide Verfasser sich in einem so wichtigen Punkt widersprechen, macht sich unglaubwürdig.

12. *Das Gutachten ist eines in eigener Sache.*
Die Gutachter sind der Meinung, daß für das Unternehmen K.U. »nicht angeführt werden kann, die bisherigen Bemühungen« – nämlich »um die Studienreform, um die politische Bildungsarbeit und um die Erwachsenenbildung« – »hätten versagt« (S. 19). Da einer der beiden Gutachter Vorsitzender der Kommission für Fragen der Studienreform, Senatsbeauftragter für politische Bildungsarbeit und Vorsitzender des Senatsausschusses für Erwachsenenbildung ist, gibt er hier ein Gutachten in eigener Sache ab.

Vgl. zu diesem Gutachten auch Nr. 18.

Am 25. 10. 67 stellte der neue Akademische Senat fest, die Stellungnahme des AStA vom 13. 10. 67 sei »nicht geeignet, die vom Akademischen Senat am 18. 9. 67 geäußerten Bedenken auszuräumen«. Sie habe vielmehr den Eindruck verstärkt, daß es sich bei der »Kritischen Universität« um einen »irreführenden Namen« und die »einseitige Propaganda eines festgelegten Weltbildes« handele. Der Senat wies darauf hin, daß die Veranstaltungen der »Kritischen Universität« »nicht Teil des Lehr- und Forschungsprogramms« der Freien Universität seien. Jedoch sollte über die Vergabe von Räumen für jede Veranstaltung gesondert entschieden und für die Gründungsversammlung das Auditorium Maximum zur Verfügung gestellt werden. Der Senat mißbillige das Tun des AStA, wolle sich aber nicht provozieren lassen.[1]

* * *

Aushang am Schwarzen Brett des Seminars für Allgemeine und Vergleichende Literaturwissenschaft (mit Szondis Briefkopf):

Egoismus

Professor S., befragt, was er denn von der »Kritischen Universität« halte, antwortete: »Viel. Drum mache ich sie selber.«

(Aus den Geschichten vom Professor S.)

* * *

Zu Beginn des Wintersemesters 1967/68 wurde von 50 Professoren der Freien Universität eine Erklärung abgegeben, die Szondi mit ausgearbeitet hatte. Die Anlässe dafür waren die Ereignisse im Zusammenhang mit dem 2. Juni, mit dem geplanten Verbot des SDS (vgl. Nr. 3), mit dem Prozeß gegen Teufel und Langhans (vgl. Nr. 4) und mit der Gründung der »Kritischen Universität« im vergangenen Semester, die zu einer zunehmenden Polarisierung zwischen linken Studenten und Universitätsadministration geführt hatten, sowie das Erscheinen erster Entwürfe zu einem neuen Hochschulgesetz (vgl. Nr. 16).

1 Quellen: Kritische Universität – Provisorisches Verzeichnis der Studienveranstaltungen im Wintersemester 1967/68, hrsg. vom AStA der Freien Universität Berlin, Hochschulabteilung; Gutachten für den Rektor über die Broschüre »Kritische Universität, herausgegeben vom AStA der Freien Universität Berlin, Hochschulabteilung«, Redaktion: Fritz Borinski und Georg Nicolaus Knauer, Herausgegeben vom Rektor der Freien Universität Berlin; Tagesspiegel 12. 9. 67, 19. 9. 67, 26. 9. 67, 3. 10. 67, 10. 10. 67, Frankfurter Rundschau 25. 9. 67;
Hektographien: Helmut Gollwitzer: Von der Wissenschaftlichkeit eines wissenschaftlichen Gutachtens; Beschluß des Akademischen Senats vom 18. 9. 67; Beschluß des Akademischen Senats vom 25. 10. 67; Informationen für Studentenvertreter 4; Flugblätter des AStA und verschiedener politischer Gruppen.

Die Erklärung wurde gedruckt in der Universität verbreitet; der »Tagesspiegel« veröffentlichte sie am 28. 10. 67 vollständig; ebenfalls am 28. 10. 67 berichteten die »Morgenpost« und die Berliner Ausgabe der »Welt« darüber.

Zwölf-Punkte-Erklärung von Professoren der Freien Universität

Die Freie Universität Berlin steht am Beginn eines Semesters, in dem wichtige Entscheidungen für ihre künftige Entwicklung zu treffen sind. In dieser Situation geben die Unterzeichneten folgende Erklärung ab:

I.

1. Seit einiger Zeit ist ein großer Teil der Studenten in wachsendem Maße von kritischer Unruhe erfaßt, der die akademischen und politischen Autoritäten oft eher hilflos oder mit rein administrativen Maßnahmen begegnet sind. Wir sind von der Notwendigkeit tiefgreifender Reformen überzeugt und bitten deshalb alle Studenten und alle Kollegen, sich für diese Aufgabe auf Grund ihrer hochschul- und gesellschaftspolitischen Verantwortung mit aller Kraft einzusetzen.

2. Reform der Hochschule und Reform der Gesellschaft sind miteinander verknüpft. Beide Bereiche bedürfen einer besseren Verwirklichung der Demokratie im Ganzen und in ihren Teilen. Diese Aufgabe fordert auch die Mitarbeit der Parteien, der Presse und der anderen Organe der öffentlichen Meinung.

3. Will die Hochschule die auch ihr obliegende Aufgabe der Erhaltung und Entwicklung einer freien Gesellschaft erfüllen – und nicht wieder verfehlen wie vor und nach 1933 –, so muß sie sich zu ihrer politischen Verantwortung bekennen. Wir begrüßen das darauf zielende politische Engagement der Studenten und rufen alle Mitglieder der Universität zur Zusammenarbeit bei der Wahrnehmung ihrer Verantwortung für Hochschule und Gesellschaft auf.

II.

4. Die vordringlichste Aufgabe der nächsten Zeit sehen wir in einer wirksameren Förderung der Studien- und Hochschulreform. Das kann nur in Zusammenarbeit von Lehrenden und

Lernenden geschehen. Wir erkennen an, daß wichtige Initiativen und Anregungen aus den Kreisen der Studenten gekommen sind.

5. Wir sind der Auffassung, daß die Diskussion des vom Senator für Wissenschaft und Kunst vorgelegten Entwurfes eines Universitätsgesetzes künftig in größerer Öffentlichkeit und in Kommissionen aus Vertretern aller Universitätsmitglieder geführt werden sollte.

6. Wir setzen uns für einen Ausbau des Berliner Modells unter verstärkter Mitbestimmung des akademischen Mittelbaus und der Studenten in allen Gremien und Institutionen der Universität ein. Die konkreten Vorschläge zur Organisation der Hochschule in der Veröffentlichung »Was will der AStA der Freien Universität?« von Anfang Mai 1967 sollten in die Diskussionen einbezogen werden.

7. Wir treten weiterhin ein für eine größere Differenzierung und Flexibilität der Studiengänge, für eine Verstärkung des Tutorensystems, für neue Formen der Lehrveranstaltungen, für eine Beschränkung des Disziplinarrechts und für eine Überprüfung der traditionellen Verfahren bei Habilitation und Berufung; wir halten eine befristete Immatrikulation für ein unzureichendes Mittel der Studienreform.

8. Die Hochschulreform verlangt ihre Ergänzung durch eine Reform des gesamten Bildungswesens, die auch sozialen Benachteiligungen entgegenwirkt. Diese Reform ist die Vorbedingung für die in einer Demokratie unerläßliche Erweiterung des Sachverstandes und des politischen Urteilsvermögens aller Mitbürger.

III.

9. Das Projekt einer »Kritischen Universität« wird von Studenten als Beitrag zur Hochschulreform betrachtet. Wir begrüßen alle studentischen Veranstaltungen, in denen die Tendenz zur wissenschaftlichen Kritik und zum methodischen Experiment sichtbar wird. Nicht in die Universität gehören jedoch Veranstaltungen, die Wissenschaft in bloße Legitimation vorab festgelegter Meinungen und Aktionen verfälschen.

10. Wir halten es für richtig, vorerst administrative Maßnahmen gegen die »Kritische Universität« zu unterlassen und sich statt dessen mit ihr offen auseinanderzusetzen.

IV.

11. Wir warnen vor einer Versteifung in extreme Haltungen, die beide Seiten isolieren und schließlich zur Gewaltanwendung führen muß.

12. Die Unterzeichneten werden im Sinne dieser Erklärung nach besten Kräften tätig sein.
Sie wünschen die Diskussion mit den Studenten.
Sie bitten alle Kollegen und Mitarbeiter, ihrerseits für die Verwirklichung der in dieser Erklärung enthaltenen Vorstellungen und Vorschläge einzutreten.

Helmut Arndt, Horst Baader, Wolfgang Baumgart, Richard F. Behrendt, Herwig Blankertz, Dieter Claessens, Fritz Dickmann, Wilhelmine Dreißig, Fritz Eberhard, Jörg Eichler, Kurt Elsner, Gert von Eynern, Wolfgang Fischer, Ossip K. Flechtheim, Carl Föhl, Carl-Ludwig Furck, Helmut Gollwitzer, Karl Peter Grotemeyer, Klaus Günther, Hans R. Guggisberg, Heinrich Matthias Heinrichs, Hans Hörmann, Klaus Holzkamp, Walter G. Kühne, Georg Kümmel, Eberhard Lämmert, Rudolf Lennert, Karl Heinz Lindenberger, Erich Loos, Peter Christian Ludz, Renate Mayntz-Trier, Lukas-Felix Müller, Hans Münzner, Charles H. Nichols, Walter Pabst, Fritz Penzlin, Fritz Peus, Horst Sanmann, Alexander Schwan, Kurt Sontheimer, Rudolf Stephan, Peter Szondi, Jacob Taubes, Werner Theis, Klaus Urich, Peter Wapnewski, Wilhelm Weischedel, Wolfgang Wetzel, Siegfried Wilking, Gilbert Ziebura.

* * *

Am 6. 12. 68 erschien in der »Frankfurter Allgemeinen Zeitung« unter dem Titel »Das modische Drittel« ein Artikel von Heinz Lohmar, der die Forderung der Studenten nach Drittelparität, d. h. nach der Zusammensetzung der universitären Selbstverwaltungsgremien aus je einem Drittel Professoren, Assistenten und Studenten, kritisierte. Dazu erschien am 24. 12. 68 ein Leserbrief von Knauer:

Woran glauben?
Mit Vergnügen las ich Heinz Lohmars Beitrag »Das modische Drittel« (F.A.Z. vom 6. Dezember). Die »Drittelparität«, so unser aller verehrter FU-AStA-Vorsitzender, (Kunststoff-)Helmträger (bei »Besetzungen«) und Kubareisender Treulieb – er wohnt bei Herrn Gollwitzer –, heute: sei »erledigt«. Dies wörtlich in einer »Vollversammlung«, vermutlich »aller Fakultäten«. Noch schlimmer: »Die aktionsbereiten Studenten seien in Agonie verfallen«, »Habermas und Adorno hätten heute die Drittelparität noch verteidigt«. Man denke! In der letzten Ausgabe der »Anrisse«, Studentenzeitung der TU Berlin, liest man: »Drittelparität heißt: Das letzte Drittel fliegt

raus. Das OSI zeigt: Drittelparitätisch besetzte Institutsräte sind Integrationsräte.« Außerdem wird Herrn Bendas Privatadresse angegeben und Flämmchen flackern dazu. Natürlich, auch dies ist, wie alles, »satirisch« zu verstehen. Jedermann ist gespannt, wer die nächsten diesbezüglichen und höchstprofessoralen Gutachten liefern wird. – Das hat man nun davon! Einige Monate hindurch glaubte ich an die Drittelparität mit teutonischem Ernst glauben zu müssen. Nun ist's wieder nichts. Woran soll ich denn nun glauben?

Vgl. dazu auch Nr. 4. – Auf diesen Leserbrief bezog sich ein Leserbrief von Szondi, der am 15. 1. 69 in der »FAZ« erschien:

Schlechte Kopie

Die Nennung der Privatadresse des Bundesinnenministers wirft einer Berliner Studentenzeitung Professor Knauer in seinem Leserbrief (F.A.Z. vom 24. Dezember) vor und weiß über den AStA Vorsitzenden der Freien Universität, Treulieb, zu berichten: »Er wohnt bei Herrn Gollwitzer.« So kopiert die »radikale Mitte« in der Professorenschaft die studentischen Extremisten.

9. Rundfunkgespräch mit Adorno über die »Unruhe der Studenten«
30. Oktober 1967

Am 30. Oktober 1967 brachte der Westdeutsche Rundfunk im 3. Programm in der Sendereihe »Berliner Ansichten« unter dem Titel »Von der Unruhe der Studenten« ein Gespräch zwischen Adorno und Szondi. Die Sendung wurde von Roland Wiegenstein eingeleitet, der im Anschluß an das Gespräch noch über einige andere Aspekte der Studentenbewegung sprach. (Vgl. auch Nr. 5)

Adorno: Es ist für einen älteren Universitätslehrer nicht ganz leicht, über die Frage der Demokratie und Universität ein öffentliches Gespräch zu führen. Wie man es macht, macht man es falsch, und es liegt in dem Ganzen etwas leise Beschämendes. Da gibt es auf der einen Seite die Möglichkeit, daß man onkelhaft mit sogenanntem lächelndem Verständnis von den »jungen Leuten« redet und daß man dabei in jene abscheuliche Denkgewohnheit gerät, die da zwischen einem »gesunden Kern« und »übertriebenen« oder »ungesunden Randphänomenen« unterscheidet. Eine Haltung, die ich um keinen Preis einnehmen möchte, umso weniger, als mir der Wahrheitsgehalt des Satzes von Gustav Mahler gegenwärtig ist, daß die Hörner, die wir uns abstoßen sollen, meist das Beste an uns sind. Dann gibt es jenen mir kaum weniger widerstrebenden Standpunkt des Sich-Anklebens an die Jungen, des Mitlaufens einfach deshalb, weil man nun glaubt, daß man mit den Bataillonen der Zukunft es halte und daß man dadurch etwas hinter sich habe: das ist überhaupt eine Problematik, die für die gesamte Situation der Universität und der Universitätskrise heute charakteristisch ist. Schließlich gibt es dann noch den wirklich autoritären Standpunkt, der, ganz schlicht gesagt, all dem widerspricht, wofür ich mein Leben lang eingestanden bin, und wovon ich auch nicht ablasse, wenn man zuweilen mich selber autoritärer Neigungen bezichtigt. Es bleibt mir also in diesem Gespräch nichts übrig, lieber Herr Szondi, als zu versuchen, einfach das zu sagen, was ich denke und dabei zwischen diesen Klippen hindurch zu steuern, ohne daß ich im voraus weiß, ob bei der in sich sehr widerspruchsvollen Lage des Problems mir das wirklich stets gelingen wird.

Szondi: Wenn wir versuchen wollen, das Thema Demokratie und Universität zu diskutieren, und zwar nicht nur so, daß wir uns fragen, was die Studentenschaft sich unter Forderungen nach demokratisierter Universität oder Demokratie in der Universität vorstellt, sondern wie wir selber diesen Vorgang, den wir, zum Teil wenigstens, für das halten, wofür wir selber, wie Sie eben gesagt haben, seit Jahren oder Jahrzehnten gekämpft haben, dann müßten wir vielleicht von einer Bestimmung des Begriffs der Demokratie ausgehen. Wie stellen wir uns diesen Begriff vor?

Adorno: Nun, lieber Herr Szondi, niemand weiß besser als Sie, daß ich, und zwar aus philosophischen Motiven, dem Definieren einigermaßen abgeneigt bin, und bei einem Begriff so geschichtlichen Inhalts wie dem der Demokratie widerstrebt mir dies vollends. Es ist mir einfach zuviel gegenwärtig bei dem Stichwort, als daß ich das vermöchte. Ich erinnere dabei vor allem an das eigentliche alles beherrschende Problem, nämlich wie, ob überhaupt und in welcher Weise formale Demokratie zu einer inhaltlichen werden kann. Da wir diese Dinge unmöglich heute ausdiskutieren können, und das auch gar nicht im Zweck unseres Gesprächs liegt, würde ich vorschlagen, daß wir uns zunächst einmal bei dem Begriff »Demokratie« im Sinn einer immanenten Verfahrungsweise verhalten, d. h., daß wir uns an dem orientieren, was da vorgegeben ist, und dessen Verwirklichung nachfragen. Ich würde also, wenn Ihnen das recht ist, für den Hausgebrauch vorschlagen, daß wir dabei unter »Demokratie« die möglichst adäquate Umsetzung des Grundgesetzes der Verfassung in die Verfassungswirklichkeit verstehen, und zwar auch im Bereich der Universität, wobei aber zunächst noch ganz offen ist, ob die Universität als eine Art von sozialem Mikrokosmos nun ihrerseits unmittelbar mit der Gesamtkonzeption der Gesellschaft, mit deren Totalität vergleichbar ist.

Szondi: Das würde bedeuten, daß wir von dem historisch-aktuellen Sinn des Ausdrucks »Demokratie« ausgehen müssen, von dem, was Demokratie im heutigen Staat bedeuten könnte. Ob sie das auch wirklich darstellt, wäre bereits eine Frage, die wir zu diskutieren hätten, denn es hat sich in den letzten Monaten manches gezeigt, was darauf deutet, daß gerade die Unzufriedenheit mit der gesellschaftlichen Realisierung dessen, was man sich unter Demokratie vorstellt, den Studenten den Gedanken nahelegt – zunächst einmal, weil ihre Macht, ihre Aktionsmöglichkeiten auf diesen Raum beschränkt sind oder sich hier jedenfalls sehr viel eher ergeben als in der Gesellschaft selbst –, daß diese Demokratie, wie sie es und wie wir es möglicherweise auch für den Staat verstehen, einem Ideal von Demokratie nicht entspricht, obwohl wir zugeben, daß der Staat heute einem Ideal, keinem überzeitlichen, sondern einem durchaus für den heutigen Augenblick gedachten Ideal von Demokratie nicht genügt. Wenn wir davon ausgehen, daß Demokratie im Staat bedeutet, daß keine der Interessengruppen benachteiligt wird, sondern im Parlament jede dieser Gruppen die Möglichkeit hat, ihre Interessen zur Geltung zu bringen, wäre zu fragen, – abgesehen zunächst von der Frage, wieweit dies außerhalb der Universität realisiert ist – ob das überhaupt dem, was die Universität darstellt, wie Sie eben sagten: einem »sozialen Mikrokosmos«, gerecht wird oder nicht. Auf der einen Seite müssen wir also fragen, ob der Begriff »Demokratie« in diesem Sinn auf die Universität selbst überhaupt applikabel ist. Ehe wir diese Frage beantworten, müßten wir vielleicht untersuchen, auf welche Mängel der traditionellen deutschen Universität denn die Studentenschaft mit dieser Forderung nach Demokratisierung überhaupt antwortet, welche Mängel behoben werden sollten, und ferner, was die Studenten selber meinen, wenn sie von Demokratisierung sprechen.

Adorno: Zunächst möchte ich darauf antworten, daß die Studenten – ich will gar nicht von der Universität reden – Defekte unserer Demokratie am eigenen Leib in besonders bitterer Weise erfahren haben. Das hat sich an dem Fall Ohnesorg in völlig unmißverständlicher Weise gezeigt. Auf die Gründe dafür können wir dann vielleicht noch eingehen. Ich glaube, daß sie gar nicht so sehr universitärer Art sind, sondern mit dem fortschreitenden Vorurteil gegen Intellektuelle insgesamt, und insofern auch dem gegen Studenten, zusammenhängen. Daraus kann, wie ich glaube, und auch darin werden wir uns wohl einig sein, nicht etwa eine Sonderstellung der Studenten in der Gesellschaft an sich oder gar ein Privileg der Studenten, die Gesellschaft zu vertreten, abgeleitet werden, wie es etwa vielfach in sogenannten Entwicklungsländern geschieht, wo die Studenten sich zu Trägern nationalistischer Bewegungen machen. Ich würde denken, daß der Teil der Studentenschaft, der Träger der gegenwärtigen Bewegung in Deutschland ist, damit auch nichts zu tun haben will. Dieses gesagt, muß man hinzufügen, daß zunächst einmal die Kritik der Studenten an unserem Universitätswesen sehr gravierende Wahrheitsmomente in sich enthält, und daß es zu ihren, in der Gesamtdemokratie fraglos verankerten Rechten gehört, ohne Scheu und ohne Fessel an dieser Institution, die sie aus ihrer nächsten und brennendsten Erfahrung kennen, auch Kritik zu üben. Ich weiß nicht, ob Sie zunächst dazu etwas sagen wollen oder ob ich gleich auf einige dieser Grundsatzfragen, eine Kritik am herrschenden Universitätswesen, eingehen soll.

Szondi: Das fände ich sehr richtig.

Adorno: Gut, ich möchte nur nicht, sozusagen, das Mikrophon monopolisieren. Ausgehend von gewissen Erfahrungen möchte ich daran erinnern, daß gerade im Bereich der Geisteswissenschaften alles mögliche gelehrt wird, dessen Relevanz dem reflektierenden, dem nachdenkenden Studenten fragwürdig sein muß, zum Teil noch im Gefolge von festgehaltenen Denkgewohnheiten und Lehrmeinungen des 19. Jahrhunderts, während auf der anderen Seite alles mögliche nicht gelehrt wird, was notwendig wäre. Um zu dem letzteren nur ein spezifisches Beispiel zu geben, das auch die Studenten beschäftigt und das mit der Arbeitsteilung zusammenhängt: Es fehlt heute in dem Betrieb unserer Universitäten das, was man einmal mit politischer Ökonomie bezeichnet hat. Das drückt sich wesentlich aus in der Arbeitsteilung zwischen der Volkswirtschaftslehre auf der einen Seite und der Soziologie auf der anderen. Die Volkswirtschaftslehre beschäftigt sich in Konsequenz der sogenannten subjektiven Ökonomie vorwiegend mit der mathematisch möglichst exakten Analyse von Proportionen innerhalb einer bereits durchgebildeten Marktgesellschaft, man könnte also leicht übertrieben sagen, mit Fragen der mathematischen Konjunkturforschung. Was darüber hinausgeht, wird allenfalls in die Dogmengeschichte verwiesen, gar als unwissenschaftlich überhaupt nicht geduldet. Auf der anderen Seite ist auf Grund einer Tradition, die mit ihrer Bemühung um sogenannte Eigenständigkeit zusammenhängt, die Soziologie an den ökonomischen, wirtschaftlichen Vorgän-

gen, die der Lebensprozeß der Gesellschaft eigentlich sind, und aus denen auch die sozialen Beziehungen der Menschen entspringen, weitgehend desinteressiert. Nun verhindert der Demarkationsgraben zwischen den beiden Disziplinen, die ungefähr in dieser Weise definiert sind, wie ich es gesagt habe, daß das Entscheidende, in welcher Weise nämlich die Grundstrukturen der Wirtschaft und deren Dynamik die Grundstrukturen der Gesellschaft bestimmen, bzw. wie beide voneinander abhängen und wie sie etwa zu verändern wären, überhaupt ins Blickfeld tritt. Das ist nur eines von zahllosen Beispielen solcher Mängel, und eine rationale Planung der Universität hätte das zu verändern. Daß das nicht geschieht, daran ist sicherlich ein gewisser Archaismus des Wissenschaftsbegriffs beteiligt. Vielleicht kann man das so formulieren, daß der Begriff der Wissenschaftlichkeit, der einmal dazu gedient hat, die beliebige Spekulation und das blinde Dogma zu verdrängen, heute derart zum Selbstzweck geworden ist, daß er die kritische Frage in vielen Bereichen nicht mehr duldet. Ich darf vielleicht auch dabei – damit unsere Hörer sehen, oder hören, worum es sich dabei handelt – an etwas recht Konkretes erinnern. Vor einiger Zeit habe ich in einem wissenschaftlichen Gremium eine bestimmte Arbeit aus einem Fach, für das ich meinem Lehrauftrag nach zwar nicht zuständig bin, für das man mir aber eine sachliche Zuständigkeit nicht wohl wird bestreiten können, wegen Mangels an Niveau, und zwar begründet und mit recht eingehenden Analysen, kritisiert. Darauf wurde mir entgegnet, daß das Niveau der betreffenden Arbeit durch die Zugehörigkeit zu der Disziplin, in der sie läge, bereits garantiert sei. Ein solches Verfahren, würde ich denken, ist grundsätzlich mit der Vorstellung von autonomer Wissenschaft als einer Autonomie des Geistes, der auch vor den etablierten Disziplinen nicht halt macht, unvereinbar, und eine Universität, die dergleichen fetischistische Vermauerungen der bestehenden

Disziplinen möglich macht, muß nicht nur durch Verwaltungsreformen, sondern ebenso von innen her, von den Fakultäten selbst her verändert werden; auch glaube ich zu wissen, daß in den Fakultäten selbst sehr viele Gelehrte sind, die die Notwendigkeit einer solchen Veränderung ebenso lebhaft empfinden, wie die Studenten und wie ich sie empfinde.

Szondi: Das entspricht ganz meinen Erfahrungen und meinen Überzeugungen. Mir fällt auf, daß die Studenten selber nicht nur unter dieser realen Arbeitsteilung leiden, sondern daß sie überzeugt sind, Arbeitsteilung sei überhaupt etwas Schlechtes, und die Seite der Arbeitsteilung radikal ablehnen, die, wenn ich das nicht ganz falsch sehe, eine gewisse, sich durch die Spezialisierung ergebende Notwendigkeit zu haben scheint, wie etwa in der Medizin. Um jetzt aus meinem eigenen Fachbereich zu sprechen: wenn sie sich für Literatursoziologie interessieren, tun sie nicht das Nächstliegende, nämlich, auf der einen Seite, bei den Literaturwissenschaftlern, auf der anderen Seite bei den Soziologen, Historikern, Wirtschaftsgeschichtlern zu lernen ...

Adorno: und Philosophen ...

Szondi: ..., um selber vielleicht zu der Synthese zu gelangen, die ihre Lehrer noch nicht, oder vielleicht überhaupt nicht mehr, selber bieten können – und zwar nicht zuletzt aus dem einfachen Grund, weil sie vor 30, 40 Jahren an Universitäten ausgebildet wurden, denen die Literatursoziologie ganz und gar nicht als etwas Anzustrebendes erschien. Ich frage mich also, warum die Studenten nicht sehen, daß das ein erster Weg zur Synthese wäre, und ganz dem entspräche, was die Studenten, überhaupt die Schüler von Professoren, vor der Gefahr einer einseitigen Nachahmung der Interessen und Arbeitsweisen ihrer Lehrer bewahren könnte, indem sie bei mehreren Verschiedenes lernen, und zugleich auch lernen, wie sich diese verschiedenen Dinge ergänzen.

Adorno: Dazu hätte ich eine Reihe von Anmerkungen zu machen. Zunächst einmal möchte ich sehr nachdrücklich unterstreichen, daß die pure Abschaffung der Arbeitsteilung, wie Sie gesagt haben, ein Rückfall in schlechte Romantik sei. Ich kann es mir dabei nicht versagen, darauf aufmerksam zu machen, daß gerade Marx, der in seiner Jugend eine außerordentlich extreme Kritik der Arbeitsteilung gegeben hat, wenn in irgendeinem Punkt, dann in diesem, daran irre geworden ist, und für eine, wie immer auch organisierte, sozialistische Gesellschaft ein gewisses Maß an Arbeitsteilung als Voraussetzung für die Steigerung der gesellschaftlichen Produktion gefordert hat, obwohl im materiellen Produktionsprozeß durch die Quantifizierung der Arbeit, und dadurch durch die Anähnelung der Arbeitsprozesse aneinander, die Arbeitsteilung vielleicht auch gar nicht mehr jene alte Evidenz hat. Dann möchte ich sagen, daß – und hier würde ich mich von den amerikanischen Bestrebungen sehr unterscheiden – die Bemühungen, über die Grenzpfähle hinauszukommen, nun nicht als Synthesen, also als ein Zusammenfassen verschiedener Gebiete betrachtet werden können, sondern daß es vielmehr um Vermittlung in dem recht strengen Sinn geht, wie ihn die dialektische Philosophie ausgeprägt hat, nämlich daß man etwa im Inneren der Kunstwerke die gesellschaftlichen Momente gewahren muß, nicht durch bloß äußerliche Zuordnung oder Beziehung. Oder, daß man durch eine Analyse der gesellschaftlichen Vorgänge selbst schließlich auch auf ökonomische Strukturveränderungen kommen muß, und umgekehrt, daß die Volkswirtschaft durch eine Besinnung auf ihren eigentlichen Gegenstand die entfaltete Tauschgesellschaft als ein Gewordenes zu fassen und in sich selbst zu reflektieren hätte. Daß das heute nicht geschieht, weiß ich; ich glaube aber nicht – das ist wenigstens ein Hinweis darauf, wie ernst die Situation ist –, daß das durch bloße Kooperation zwischen den Lehrenden, oder den Lehrenden und den Lernenden, geleistet werden kann. Wenn Sie nun die Frage aufwerfen, wieso die Studenten gerade diese Notwendigkeit der Arbeitsteilung so leicht übersehen, berühren Sie ein Moment, das mir nun doch in den heute sich vordrängenden Bestrebungen recht problematisch erscheint: Daß nämlich die Reformbestrebungen, oder wie immer man sie nennen will, nicht deutlich genug von Bestrebungen getrennt werden, die Arbeit und Anstrengung des Begriffs anstatt zu steigern, womöglich zu schwächen, mit anderen Worten, ganz schlicht universitär gesprochen, das Studium zu erleichtern. Und der Kampf gegen die Autorität hat zuweilen doch recht deutlich diesen Charakter. Wenn also etwa bei bestimmten Verschärfungen von Prüfungsbedingungen in einem Fach, bei denen man über die Berechtigung im einzelnen streiten kann, ein Studentenvertreter neulich gesagt hat, das alles gehe ja zu Lasten der Studenten, scheint mir dabei eine falsche Analogie zur Gesellschaft vorzuliegen, etwa so, wie man sagt, die Steuererhöhung gehe zu Lasten des kleinen Mannes, und es wird dabei gar nicht gesehen, daß unter Umständen ja gerade die Erhöhung der Anforderungen zu Gunsten der Studierenden geschieht, nämlich einfach, um sie gescheiter, gewitzigter, wissender zu machen, als sie sonst sind. An dieser Stelle würde ich jedenfalls eine Grenze der sogenannten Universitätsreform sehen, ich würde zu allem helfen, was dazu beiträgt, die geistige Kraft der Universitäten zu steigern, oder lassen Sie mich lieber sagen, sie zu emanzipieren. Ich würde mich gegen alles sträuben, wodurch diese geistige Kraft und Produktivität oder, in Gottes Namen auch, was man mit einem überstrapazierten Wort Niveau nennt, herabgemindert wird.

Szondi: Ich glaube, das ist ein Fall, der sich besonders eignet, die Frage, inwieweit zwischen Studenten und Professoren Interessenkonflikte vorliegen, zu diskutieren. Die Frage der Prüfung ist, auch in Berlin, immer wieder zwischen Studenten und Professoren, genauer zwischen Institutsvertretungen und den Direktoren der Seminare, diskutiert worden. Dabei hieß es sehr oft ganz ähnlich, wie Sie aus Frankfurt zitieren, ich erinnere mich z. B. an einen Satz aus einem Gegenvorschlag einer Institutsvertretung für den Stoff der Hauptseminarprüfung – es handelte sich um das Maß an Lateinkenntnissen, das verlangt wird –: Versäumnisse der Gymnasien dürfen den Studenten nicht angelastet werden. Da würde ich meinen, daß es ja im Interesse der Romanisten – es handelte sich um Romanisten – liegt, die Lateinkenntnisse, die sie an der Schule nicht erworben haben, zu Beginn ihres Studiums in gut aufgebauten Kursen nachzuholen; es wäre also durchaus eine Interessenfrage, wenn die Studenten verlangten, daß ihnen solche Einführungen oder Fortbildungskurse in Latein geboten werden. Aber darum geht es ja gar nicht – die Kurse sind vorhanden –, sondern die Studenten bilden sich ein, es läge in ihrem Interesse, die Prüfungsbedingungen in dem Sinne zu erleichtern, daß das, was sie nicht wissen, was sie noch nicht wissen, und dessen Wichtigkeit sie nicht einsehen, vielleicht müßte man sagen, *noch* nicht einsehen, nicht verlangt wird – man fragt sich ja, woher ein Romanist, der eben zu studieren angefangen hat, wissen soll, was er später für sein romanistisches Studium tatsächlich brauchen wird. Es sollte also hier nicht der Eindruck entstehen, daß das tatsächlich im Interesse der Studenten dieses Faches liegt. Insofern bin ich ganz Ihrer Ansicht, daß wir nicht nur zu vermeiden versuchen sollten, daß in den Reformbestrebungen das Niveau gesenkt wird, sondern daß das auch ein Fall ist, an dem sich besonders gut zeigen läßt, wie auf die Universität nicht ohne weiteres das System des

Parlaments, in dem die einzelnen Interessengruppen einander gegenübertreten, und eine Art Ausgleich ihrer Interessen erfolgt, möglich ist.

Adorno: Ich glaube, Sie haben hier einen der zentralen Punkte, wenn nicht *den* zentralen Punkt, berührt, wo die Frage der Universitätskritik oder die der Veränderung problematisch wird, den Punkt nämlich, das Modell der Gesellschaft ungebrochen, unmittelbar auf die Universität anzuwenden. Ich bin der letzte, und ich hoffe, daß ich das kaum sagen muß, der Zusammenhänge zwischen der Struktur der Universität und der Gesellschaftsstruktur leugnet. Im früheren Obrigkeitsstaat sind diese Zusammenhänge noch viel deutlicher geworden, man kann sie heute etwa daran erkennen, daß die Zusammensetzung der Studentenschaft immer noch Privilegcharakter trägt, also daß die Arbeiterkinder, gemessen an ihrem Anteil an der Bevölkerung, dort nur zu etwa zehn Prozent vertreten sind, um von allen Beispielen nur das krasseste zu nennen. Weiter reichen diese gesellschaftlichen Abhängigkeiten an unzähligen Stellen in die jäh übermittelte Ideologie hinein, also in einen gewissen Hang zum Idealismus, wie er, das Wort absichtlich im vulgärsten Sinn gebraucht, den Studenten übermittelt wird. Ich glaube weiter auch, daß diese Dinge sich zum Teil in den Lehrmethoden spiegeln; Horkheimer und ich haben beide schon vor Jahren die traditionelle Form der Vorlesung als archaisch bezeichnet, als eine Form nämlich, die voraussetzte, daß es Bücher entweder überhaupt nicht gab, oder sie kaum erschwinglich waren, während die Form der Vorlesung heute, wo man damit rechnen muß, daß im allgemeinen Bücher und wichtige Schriften jedem zugänglich sind, einen ganz anderen Charakter haben müßte, da auch die letztlich aus der theologischen Ordnung, nämlich der Predigt, herstammende Form des ununterbrochenen Vortrags eigentlich sich nicht mehr rechtfertigt. Ich muß dazu allerdings sagen, als ich aus der Emigration zurückkam und versucht habe, und recht energisch versucht habe, das zu ändern, indem ich auch in meinen Vorlesungen die Studenten gebeten habe, durch Fragen mich zu unterbrechen, und die Vorlesungsform dadurch aufzulokkern, wenn man so will, zu demokratisieren, bin ich dabei merkwürdiger Weise auf sehr wenig Gegenliebe gestoßen. Ich plane, das wieder aufzunehmen, mit welchem Erfolg, muß ich sehen. Aber auch wenn man all das zugibt, und nicht nur zugibt, das ist ein zu schwaches Wort, sondern wenn man all dem sehr gehörigen Nachdruck verleiht, bleibt doch bestehen, daß in einem entscheidenden Punkt das gesellschaftliche Modell, wie es etwa von der sozialistischen Kritik entworfen ist, so nicht auf die Universität paßt, ganz einfach, weil kein Mensch den Professoren heute vorwerfen dürfte, daß sie die Studenten ausbeuten, oder über die Studenten eine Herrschaft in dem Sinn ausüben, in dem man im Zusammenhang der Gesellschaft von Herrschaft reden kann, und ich glaube, daß ein Teil der fehlgeleiteten Energie, der Bewegung zur Universitätsreform und der Bewegung unter den Studenten damit zusammenhängt, daß ganz einfach das Verhältnis zwischen dem gesellschaftlichen Modell und der Universität zu wenig durchdacht ist. Während man sagen kann, daß die Universität in gewissen Zügen wirklich so etwas wie ein Mikrokosmos der Gesellschaft ist, ist sie es in anderen gar nicht, und ehe man die gesellschaftlichen Kategorien auf die Universität überträgt, muß man durch eine sehr eingehende Analyse, wie ich sie eben natürlich nur andeuten konnte, zwischen diesen beiden Gruppen von Momenten unterscheiden. Sie selbst haben ja mit Recht Ihrem letzten Buch den Satz von Hölderlin: »Unterschiedenes ist gut«, vorangestellt. Ich glaube, er hätte an wenig Stellen heute so viel Aktualität, wie gerade in der Sphäre der Universitätsreform, von der wir sprechen.

Szondi: Ich bin sehr dankbar, daß Sie diesen Satz Hölderlins zitieren. Ich glaube, dem, was ich vorhin sagte, müßte man nun etwas anderes, ihm fast Widersprechendes, anfügen, weil man eben auch nicht von *den* Studenten sprechen soll, und auch vielleicht nicht von ihren Forderungen, sondern auch da immer wieder zu unterscheiden ist ...

Adorno: ... dem stimme ich unbedingt zu.

Szondi: Ein gutes Beispiel scheinen mir die Diskussionen über die Prüfungsmethoden schon deshalb, weil man an ihnen ablesen kann, was sich an den Universitäten bereits geändert hat. Noch vor 20 Jahren, glaube ich, war es ganz und gar undenkbar, daß ein Student oder Studenten sich mit ihren Professoren zusammensetzten, um mit ihnen zu besprechen, welche Art der Prüfung richtig und welche falsch ist. Das hat sich tatsächlich geändert; es ist also in dieser Hinsicht eine Mauer verschwunden, und es ist nur zu hoffen, daß jetzt nicht durch ein Mißverständnis auf Seiten der Studenten eine andere, eine neue Mauer sich errichtet. Dieses Mißverständnis würde darin bestehen, daß die Studenten, wenn es Demokratie geben soll, auch das Recht haben, nicht etwa nur konsultiert zu werden, sondern mitzubestimmen, und zwar so, daß sie, wie sie immer wieder gesagt haben, nicht überstimmt werden können. Da dieses »nicht überstimmt werden können« ja faktisch gar nicht möglich ist, sind sie jetzt auf den Einfall des Vetorechts gekommen, und in einer der Universitätsstädte der Bundesrepublik ist eine erste Studenten-Gewerkschaft gegründet worden, die als eine der Hauptideen formuliert hat, daß die Studenten in allen sie betreffenden wichtigen Fragen das Vetorecht haben sollten. Dem steht die Überzeugung mancher Universitätspolitiker in Deutschland gegenüber, die meinen, schon die Tatsache, daß die Studenten selber ja »nicht verdienen«, und im normalen bürgerlichen Sinn dieses Wortes »nicht arbeiten« – und das ist ja leider auch ein sehr stark wirksamer Grund für die Rancune, die wir bei der Berliner Bevölkerung gegenüber den Studenten haben feststellen müssen, dieser ständige Vorwurf: »Ihr arbeitet ja nicht, ihr lebt ja von unseren Steuergeldern« –, daß die Studenten in diesem Sinne nicht zu den Arbeitern gehören, bedeute – ganz entgegen meiner Ansicht –, daß sie auch keine Interessengruppe, keine Gewerkschaft bilden könnten.

Adorno: Ich bin eigentlich stets in der Angelegenheit der Seminarzulassungen, Zwischenprüfungen und all dieser Dinge sehr lax gewesen, und zwar mit vollem Bewußtsein, nämlich einfach um der akademischen Freiheit willen, und habe mich, so weit es nur irgend möglich war, auf die Hauptprüfungen beschränkt. Es ist nicht ohne Ironie, daß die Zwischenprüfungen als Zwangsinstitution und eine ganze Menge der Dinge, die mit dem Komplex, über den wir eben sprechen, zusammenhängen, gerade im Lauf der sogenannten Universitätsreform sich ergeben, womit wir bereits die Problematik der Universitätsreform berühren, die keineswegs nur ein Fortschritt ist, sondern insofern sie wirklich das Studium am Begriff gesellschaftlich nützlicher Arbeit mißt, und das wegschneidet, was gesellschaftlich gesehen »schlechte Unkosten« sein sollen, eigentlich zu einer Minderung der Freiheit führt. Das ist die eigentümliche doppelte Frontstellung, in der man sich in diesen Dingen befindet: auf der einen Seite muß man versuchen, mit einer Reihe von Archaismen der Universitätsform aufzuräumen, und auf der anderen gewisse Archaismen als die Zuflucht des Humanen, des nicht vom Betrieb schon völlig Absorbierten zu verteidigen. Mein Interesse an der Frage der Problematik, der Übertragung des gesamtgesellschaftlichen Modells auf die Universität, geht wesentlich davon aus, daß ich an dieser Stelle so etwas wie gesellschaftliche Naivität vermute. Ich glaube, daß keine

Möglichkeit besteht, die Gesellschaft von der Universität her zu verändern, sondern im Gegenteil, daß innerhalb der Universität isolierte Intentionen auf radikale Änderung, denen die Möglichkeit der gesamtgesellschaftlichen Verwirklichung abgeschnitten ist, nur die herrschende Rancune gegen die Sphäre des Intellektuellen verschärfen wird, und damit der Reaktion den Weg bahnen und die Studenten, die ohnehin schon heute als die schwächsten Objekte der allgemeinen Tendenz zur intellektuellen Verfolgung im besonderen Maß ausgesetzt sind, noch weiter dieser Gefahr aussetzt. Auf der anderen Seite, und das halte ich noch für wichtiger, wird in diesen Bestrebungen die gesellschaftliche Macht völlig falsch eingeschätzt, man glaubt, daß durch die geistige Diskussion und die Berufung auf geistige Prinzipien an den Machtverhältnissen sich etwas ändert, und daß das unter Umständen durch Demonstrationen und spektakuläre Praktiken sich verändern läßt, während ich alles, was ich von der Gesellschaft weiß, mir selber verleugnen müßte, wenn ich das für möglich hielte. Wie ich glaube, spielt hier als objektiver Grund vieler Bestrebungen der Studenten wirklich genau das herein, was mir in letzter Zeit die Studenten oder gewisse Organisationen vorgeworfen haben, nämlich das Versperrtsein, das reale Versperrtsein der entscheidenden Möglichkeiten des Eingriffs. Wenn ein Tier in einer hoffnungslosen Situation eingesperrt ist, dann beißt es verzweifelt um sich, auch wenn es gar keine Chance hat, herauszukommen, und ich kann mir nicht helfen, manche dieser Bestrebungen erinnern mich ein bißchen daran. Ich würde allerdings sagen, heute kann man die gesamte Universitätskrise von dem anwachsenden und abscheulichen Ressentiment der Bevölkerung gegen die Studenten, für das sich ja dauernd die erschreckendsten Beispiele finden, gar nicht trennen; ohne dies einzubegreifen und etwa auch in aufklärende Praxis von Seiten der Studenten mit hineinzunehmen, wie es ja gerade in Berlin, aber teilweise auch in Frankfurt die Studenten, manche Studenten, versucht haben, kommt man wirklich zu einer ganz abstrakten Vorstellung von der Universitätsreform.

Szondi: Man könnte hinzufügen, daß gerade solche Diskussionen, etwa auf dem Kurfürstendamm, eine außerordentlich eindrucksvolle Form hatten. Ich habe einigen Gesprächen zugehört, und es war ein Vergnügen, zu sehen, nicht nur wie klug und geschickt, sondern mit wieviel Verständnis für die Schwächen des Gegners, aber auch für die Ziele, die man im nächsten Augenblick vielleicht erreichen könnte, einige Studenten mit den Leuten diskutiert haben. Was Berlin betrifft, so wäre hier vielleicht vom sogenannten Berliner Modell zu sprechen, d. h. der Universitätssatzung, die 1948 an der damals neu gegründeten Freien Universität geschaffen wurde. Dieses Berliner Modell galt lange, oder gilt vielleicht jetzt noch, als die fortschrittlichste Satzung der deutschen Universitäten. Und da es in letzter Zeit gerade in Berlin mehr als an anderen Universitäten zu Spannungen und Konflikten gekommen ist, haben auf der einen Seite Leute behauptet, das sei wohl die Folge des Berliner Modells, man habe 48 den Studenten wohl zuviel geboten, während sich auf der anderen Seite zeigt, daß die Studenten mit diesem Berliner Modell kaum mehr etwas anfangen können. Sie halten das, was das Berliner Modell vorschreibt, genauso wie die wichtigsten von ihnen so genannten Spielregeln der parlamentarischen Demokratie für etwas durchaus zu Vernachlässigendes, ja, für etwas, das gar nicht akzeptiert werden soll, wenn man etwas erreichen möchte. Dieses Berliner Modell ist, wenn ich dazu an einem Punkt etwas ausführen darf, meiner Meinung nach an sehr vielem schuld; und obwohl es fortschrittlich ist, hat es den großen Fehler, dort eine Demokratie vorgetäuscht zu haben, wo es eine Demokratie wahrscheinlich gar nicht geben kann.

Nun fragt es sich, welche Folgen das Berliner Modell von 1948 für die folgenden Jahrzehnte, es sind etwa zwei inzwischen vergangen, hatte. Die Folgen waren, daß die Studenten natürlich merkten, wie ihre Vertreter ständig in den Fakultätsvertretungen überstimmt werden. Sie haben sich also auf der einen Seite sagen müssen, daß das nicht das Mittel ist, ihre Interessen oder ihre Ansichten zur Geltung bringen zu können, auf der anderen Seite versuchen sie nun, die Änderung der Universitätssatzungen in der Weise zu realisieren, daß nicht mehr ein Vertreter, sondern etwa vier oder sechs Studentenvertreter in der Fakultät sitzen.

Adorno: Dieselben Bestrebungen sind bei uns auch ...

Szondi: Ich glaube, daß diese zweite Lösung, die ich selber sehr begrüßen würde, manches in der Fakultät, in den Diskussionen, erleichtern könnte, aber dadurch würde die Satzung der Universität nur fortschrittlicher oder vielleicht weniger autoritär, aber keineswegs demokratischer, und daran ließe sich, meine ich, zeigen, daß es keine Möglichkeit für die Universität ist, nach dem Modell der Gesamtgesellschaft ein parlamentarisch-demokratisches System zu installieren.

Adorno: Ich darf vielleicht auf das Stichwort »autoritär«, bzw. »Autorität«, das Sie gegeben haben, kurz eingehen. Wenn man den Begriff der akademischen Freiheit so streng nimmt, wie ich ihn nun einmal nehmen muß, dann folgt daraus eine Art von Widerstandsrecht der Studenten gegen Versuche, wie sie gerade im Zug der Rationalisierung der Universität liegen, etwa gegen die Studienzeitbeschränkung oder die Einführung des Numerus clausus. Die Studienzeitbeschränkung scheint mir besonders deshalb ungerecht zu sein, weil es nach meiner Beobachtung neben dem Typus des neurotischen ewigen Studenten auch solche gibt, die gerade, weil sie sich ungeheuer intensiv in die Sachen verbeißen, ihre eigenen Privatinteressen, nämlich den Abschluß mit einem Examen, hinausschieben, ohne daß sie deswegen im mindesten wissenschaftlich und geistig disqualifiziert werden dürften. Aber auf der anderen Seite ist durch ein solches Widerstandsrecht das Autoritätsproblem nicht entschieden. Man muß, glaube ich, ganz einfach die in der Soziologie ja längst zu den primitivsten Erkenntnissen gehörende Unterscheidung von Sachautorität und persönlicher Autorität in die Betrachtung mit hineinnehmen. Eine Figur wie der alte Kuno Fischer, der, als ihn ein Student im Examen in jedem Satz mit Exzellenz anredete, zu dem Studenten sagte: »nicht immerzu Exzellenz, sondern nur hin und wieder« – er gehört unwiderbringlich der Vergangenheit und der Lächerlichkeit an, und ich meine, daß das auch in gewissen institutionellen Formen seinen Ausdruck finden müßte. Es wird aber nicht wegzuleugnen sein, daß im allgemeinen ein Professor der Romanistik besser seinen Montaigne kennt, und versteht, als ein Student, der zu ihm ins Seminar kommt, und daß im allgemeinen ein Professor der Philosophie seinen Kant und seinen Hegel besser kennt, als der Student, der bei ihm den Hegel studiert. Und ich glaube, daß eine Übertragung von demokratischen Ideen auf die Universität, die auf diese einfachsten, von der Sache her gegebenen Momente keine Rücksicht nimmt, etwas, ja, ich muß schon sagen, Infantiles hätte. Daß dabei, etwa im Seminarbetrieb, in dem die Studenten jede Gelegenheit haben müssen, dort, wo es Kontroversen gibt, diese Kontroversen auszutragen, daß die Professoren, wir alle, lernen müssen, nicht Studenten zu erwarten, die in Verba magistri schwören, sondern ihnen auf Einwände sehr ernst zu erwidern, das halte ich allerdings auch dabei für eine Selbstverständlichkeit, aber die Tatsache, daß der eine zunächst einmal den Kant und den Hegel kann und der andere nicht, wird ja dadurch nicht ohne weiteres aus der Welt geschafft.

10. Germanistik
Wintersemester 1967/68

Während einerseits die »Kritische Universität« gegründet wurde (vgl. Nr. 8), verstärkte sich andererseits das Interesse an inhaltlicher und organisatorischer Studienreform in den einzelnen Fächern, so auch in der Germanistik. Im August 1967 erschien das Heft 55 der Zeitschrift »Alternative« mit dem Thema »Germanistik – Reform oder Politisierung?« Es enthielt Resolutionen, Essays und Berichte, die in den Wochen nach dem 2. Juni entstanden waren und im wesentlichen das Ziel einer »Politisierung der Germanistik« hatten. Das Heft begann mit Auszügen »Aus der Debatte der Germanistenvollversammlung« an der Freien Universität am 7. Juli und schloß mit »Thesen zur deutschen Germanistik«. Im Herbst veranstaltete die von der studentischen Institutsvertretung des Germanischen Seminars herausgegebene Zeitschrift »Germanistikstudium« eine Umfrage unter Dozenten zu diesem Thema, die im Winter veröffentlicht wurde. Die darin erwähnten Passagen aus der »Alternative« lauteten:
»Politisierung der Germanistik heißt daher *Reflexion ihres Selbstverständnisses* in kritisch-rationaler Auseinandersetzung mit außeruniversitären Anforderungen. – Die Aufarbeitung der politischen Geschichte der Germanistik, die Diskussion ihres Verhältnisses zur Schule und zur Literaturkritik, die Einbeziehung außerdichterischer Sprachprodukte und die Analyse des konkreten Lehrbetriebes nach Stoffangebot, methodischen Grundlagen und Lehrformen sind Perspektiven dieser Reflexion. Das Maß an kritischer Rationalität, das die Germanistik in Auseinandersetzung mit dem Anspruch der Gesellschaft entwickelt, muß auch die Gemeinschaft der Lernenden und Lehrenden definieren. Die Praxis eines Lehrbetriebs, in dem ›jede andere Gewalt als die des besseren Arguments‹ (Habermas) ausgeschaltet ist, prägen fachinterne Öffentlichkeit und herrschaftsfreie Diskussion. Politisierung der Germanistik bedeutet demnach Demokratisierung des Verhältnisses von Professoren, Assistenten und Studenten. – Mitbestimmung der Studenten bei der Lehrplangestaltung, der Etatverteilung und der Besetzung von Lehrstühlen ist Voraussetzung und Konsequenz einer solchen Demokratisierung.« (p. 145 sq., aus einer »Resolution zur Politisierung der Germanistik«)
Aus den »Thesen zur deutschen Germanistik«:
These 7 »DIE GERMANISTENVOLLVERSAMMLUNG
– wird als demokratische Institution zu einer ständigen Einrichtung gemacht.
– delegiert Arbeitsgruppen, die die Entschließungen der Vollversammlung durch Analysen vorbereiten (Bearbeitungsgegenstände u. a. Lehrplangestaltung, Wissenschaftsgeschichte, Methoden, Stoffwahl, Studienreformpläne, Instituts- bzw. Organisationsfragen).
– diskutiert, nach vorheriger Veröffentlichung, die Ergebnisse aus Seminaren und Vorlesungen mit den Professoren. Kontrovers geblie-

bene Gegenstände hält sie fest und insistiert auf der Fortsetzung der Forschungsarbeit.
– wird die Professoren auffordern, zu Ende eines jeden Semesters ihre Lehrvorhaben für das kommende Semester vor der Vollversammlung zu begründen und samt den beabsichtigten Verfahrensweisen zur Diskussion zu stellen.
– kontrolliert die Auswahl der wissenschaftlichen Assistenten und Hilfskräfte wie auch der Tutoren.
– erhält ein Mitspracherecht im Berufungsverfahren.
– berichtet über ihre Arbeit in einer regelmäßig erscheinenden Zeitschrift (evtl. Ausbau des Berliner »Germanistikstudiums«).« (p. 183)
These 9 »METHODIK UND STOFFWAHL
– Um dem notorischen Erkenntnisdefizit gegenüber der ausländischen Literaturwissenschaft abzuhelfen, sind zunächst die vernachlässigten und ignorierten Methoden in die Unterrichts- und Forschungspraxis einzubeziehen (so die marxistischen, psychoanalytischen, die vergleichenden, strukturalistischen, informationstheoretischen und linguistischen Methoden). Aus ihrer praktischen Anwendung sind die Methoden wiederum auf ihre veränderte und verändernde Funktion im Zusammenhang Fach-Gesellschaft zu diskutieren.
– Die traditionell vernachlässigten Stoffgebiete sind aufzuarbeiten, vor allem die Tradition der Aufklärung, die Minderheitenliteratur (auch Arbeiterliteratur, politische Dichtung, Exilliteratur); ferner die bisher nur publizistisch verwalteten Randgebiete (u. a. Sprache der Massenmedien, der Bürokratie, Parteien, Werbung, Technik, Berufe), die eigene Fachgeschichte, Trivialliteratur, Literatur- und Sprachsoziologie (klassenspezifische Artikulationsvermögen). Die Verbindung zur Weltliteratur, und zwar ohne politische Grenzen, ist herzustellen.« (p. 183)
Die Fragen des »Germanistikstudium« und Szondis Antworten vom 2. 11. 67 lauteten:

1. Das Augustheft der ALTERNATIVE steht unter dem Leitthema Germanistik – Reform oder Politisierung. Wie beurteilen Sie den dort entwickelten Begriff von Politisierung?
2. Kann es eine Reform der Germanistik geben, die nicht eine Politisierung ist?
3. Würden Sie alle in der These 7 (S. 183) geforderten Kompetenzen der Vollversammlung akzeptieren?
4. Würde die Aufarbeitung der in These 9 genannten »vernachlässigten Stoffgebiete« Umwertungen im traditionellen Betätigungsfeld der Germanistik erfordern?
5. Wird sich Ihre Forschung und Lehre in Zukunft den in der aktuellen Diskussion gestellten Forderungen nähern?

Antworten:

1. »Politisierung der Germanistik bedeutet demnach Demokratisierung des Verhältnisses von Professoren, Assistenten und Studenten.« (Alternative 55, S. 146) Mit dem Programm bin ich einverstanden – nur frage ich mich, was das mit Germanistik und ihrer Politisierung zu tun hat.

2. s. o.

3. Nein. – Über die Vollversammlung vom 7. Juli 1967 heißt es S. 149: »Nach dreistündiger Debatte waren noch etwa 100 Studenten im Auditorium.« Wenige Zeilen später, als gäbe es an der FU 100 und nicht 1500 Germanistikstudenten: »Die Vollversammlung nahm die Resolution zur Politisierung der Germanistik an.« Mir scheint, solche »Vollversammlungen« sollten sich, bevor sie Kompetenzen beanspruchen, über ihre Beschlußfähigkeit Gedanken machen.

4. Nicht erfordern, sondern vermutlich herbeiführen. Und zwar um so mehr, je weniger es beabsichtigt ist.

5. Vedremo.

* * *

Am 20. 1. 68 war Szondi zu einer Diskussion mit Germanistikstudenten in München eingeladen. Das »flugblatt 11 – Nachrichten für Germanisten der Universität München«, herausgegeben von der Vertretung der Germanistischen Fachschaft, vom 30. 1. 68 berichtete darüber:

»*Round Table Gespräch mit Prof. Szondi, Berlin*

Den 40 Studenten und 2 Assistenten, die am 20. 1. mit Prof. Szondi diskutierten, waren Fragen des Germanistikstudiums wichtiger als die Lehre Schlegels von den Dichtarten; und Sz., der das Thema freigestellt hatte, geriet keineswegs aufs Glatteis. Zwar schien er zunächst reserviert gegenüber den Forderungen der Studenten nach mehr Mitbestimmung: daß die Diskussion jetzt in solcher Breite stattfinde, sei doch schon ein bedeutender Fortschritt, wenn er etwa an seine eigene Studienzeit denke ... Er bezweifelte, daß die Konflikte zwischen Studenten und Professoren immer Interessenkonflikte seien. Überhaupt machten die vielen Podiumsdiskussionen, Stellungnahmen, Gutachten es immer schwerer, Kolleg und Seminar anständig vorzubereiten. – Die Erwartung, die Argumente eines Ordinarius aus Berlin würden sich von denen seiner Münchner Kollegen erfreulich unterscheiden, schien unberechtigt gewesen zu sein.

Wie kam es zu der Wendung, die doch so deutlich war, daß nicht ›Frontenverhärtung‹ das Ergebnis des Gesprächs war noch Resignation, sondern der Eindruck: Sz.s Konzeption einer zeitgemäßen Germanistik unterscheidet sich nicht wesentlich von der der ›linken Studenten‹. Unrealistisch scheint allerdings seine Ansicht, die Veränderung könnte sich bereits durch die wissenschaftliche Aktivität des Nachwuchses vollziehen. Gegen diesen Optimismus richtete sich der mit Leidenschaft vorgetragene Einwand – und hier ereignete sich eben so etwas wie eine Peripetie des Gesprächs –: wie sollen Studenten die Einsichten z. B. der Soziologie oder der Psychoanalyse für die literaturwissenschaftliche Arbeit fruchtbar machen, ohne am ›System‹ (Studien- und Prüfungsordnungen, unerwünschte Fragestellungen ausschließender Seminarbetrieb) zu scheitern? Es genügt ja nicht (wie Sz. empfiehlt), sich mit Hilfe von Taschenbüchern und in den Lehrveranstaltungen anderer Seminare obenhin über Marx und Freud zu informieren. Entsprechende von Studenten gebildete kritische Kolloquien erfordern aber einen Arbeitsaufwand, der sich mit der Soll-Erfüllung in Althochdeutsch, quantitativer Faktenaneignung beim besten Willen nicht versöhnen läßt.

Und nun entwickelte Sz. in Grundzügen seine Vorstellung von einer zukünftigen Literaturwissenschaft. Einige konkrete Beispiele:

1) Ein Ordinarius braucht eigentlich nicht mehr als einen Assistenten; die anderen könnten direkt dem Seminar unterstehen; über die Verteilung der Aufgaben sollte in einer Seminarkonferenz entschieden werden, der auch die Assistenten sowie Studentenvertreter angehören.

2) Die Lehrenden sollten sich mit ideologiekritischen Untersuchungen ihrer Lehrveranstaltungen auseinandersetzen und ggf. die Konsequenzen daraus ziehen, auch wenn die Kritik nicht

innerhalb des Faches, sondern von außen, z. B. der Soziologie geübt wird.

3) Interfakultative Zusammenarbeit ist notwendig; Sz. hat für eine der Assistentenstellen einen Soziologen gewonnen.

4) Einfluß der Studenten bei Berufungen könnte ein vielseitigeres Lehrangebot zur Folge haben.

5) Begrenzung der Studienzeit steht in Widerspruch zum Wesen des Studiums; Studienförderung, Stipendium haben die Aufgabe, ein breites, von Zeitdruck freies Studium zu ermöglichen.

6) Durch Vermehrung der Planstellen für Lehrbeauftragte sowie durch Erweiterung der Rechte und Sicherstellung der wissenschaftlichen Unabhängigkeit der Assistenten – »die Professoren müßten ihre oft autoritäre und narzißtische Haltung aufgeben« – könnte das Studium sich so verändern, daß die meisten Prüfungen überflüssig würden.

Gesamteindruck: Wir könnten glücklich sein, wenn viele Professoren die Reformvorstellungen Sz.s teilten. Solange allerdings eine derartige Konzeption nicht im Hinblick auf eine institutionelle Verteilung der Schlüsselpositionen durchdacht wird, dient sie indirekt der Harmonisierung akuter Mißstände und Interessengegensätze.«

11. Verabschiedung der Notstandsgesetze Mai 1968

Am 16. 5. 1968 verabschiedete der Deutsche Bundestag die Notstandsgesetze in zweiter und am 29. 5. in dritter Lesung. Gegner dieser Verfassungsänderung wandten sich besonders gegen »Abbau des Parlamentarismus«, »Abbau des Föderalismus«, »Verfügung über die Arbeitskraft«, »Einschränkung des Streikrechts«, »Telefonkontrolle und Beschränkung der Freizügigkeit«, »Einsatz der Bundeswehr bei inneren Unruhen«, »Perversion des Widerstandsrechts« (Notstandszeitung der Schüler und Studenten, hrsg. vom AStA der FU). Schon vor der zweiten Lesung versuchten politische Gruppen und zu diesem Zweck gegründete Komitees, durch Flugblätter und Veranstaltungen die Bevölkerung über den Inhalt der Notstandsgesetze zu informieren und irreführenden Behauptungen der Regierung und der Presse entgegenzutreten, daß nämlich durch die Verabschiedung der Gesetze die allierten Vorbehaltsrechte abgelöst würden. Am 11. 5. fand ein Sternmarsch auf Bonn statt.
Kurz zuvor warf Forschungsminister Stoltenberg (CDU) in einer Bundestagsdebatte zur Hochschulpolitik den Professoren Abendroth, Flechtheim, Hofmann, Maus und Ridder, die sich an Aufrufen zu dieser Demonstration beteiligt hatten, eine radikale Haltung vor, auf die die Radikalisierung der Studentenschaft im wesentlichen zurückzuführen sei. Er bezeichnete die Kritik mancher Professoren am geplanten Notstandsrecht als »rein tendenziöse und bösartige Agitation«. Darauf reagierten die Frankfurter Professoren Fetscher, von Friedeburg, Habermas und Mitscherlich mit einer Stellungnahme, der sich die Berliner Professoren Behrendt, Eberhard, von Eynern, Schwan, Szondi, Taubes und Weischedel anschlossen:

Minister Stoltenberg hat die Opposition einer Reihe von Professoren gegen die geplante Notstandsgesetzgebung zum Anlaß genommen, um die Intention und die Handlungsweise politisch engagierter Hochschullehrer bedenkenlos zu diffamieren. Unter den namentlich Genannten befinden sich Kollegen, die von den Nazis verfolgt und eingesperrt oder zur Emigration gezwungen worden sind. Die Demonstration des Kuratoriums »Notstand der Demokratie«, zu der sie aufrufen, ist durch eine seit Jahren geübte, und zwar mit sachverständigen Argumenten begründete Kritik gerechtfertigt. Gerade die genannten Kollegen haben sich nicht mit dem »periodischen Unterzeichnen von Protestresolutionen«, das der Minister moniert, begnügt. Sie haben in langwierigen und zähen Auseinanderset-

zungen ihren Argumenten, zuletzt vor einem Ausschuß des Bundestages, Gehör verschafft und bis jetzt immerhin Modifikationen der Gesetzesvorlagen erreicht. In Zusammenarbeit mit großen Einzelgewerkschaften verteidigen sie Verfassungsgrundsätze des sozialen und demokratischen Rechtsstaates mit guten Gründen und mit der Hilfe des plebiszitären Druckes derer, die von diesen Gründen sich haben überzeugen lassen.
Die Intention und die Handlungsweise dieser Gelehrten sind der exemplarische Ausdruck einer Besinnung der Wissenschaft auf ihre politische Verantwortung. Diese Besinnung resultiert aus den für deutsche Universitätslehrer beschämendsten Erfahrungen unserer jüngeren Geschichte. Die Politik der jüngsten Vergangenheit, die auf Bundesebene von CDU-Regierungen getragen worden ist, kann schwerlich denen Argumente liefern, die heute das Amt des Professors wieder an die Bedingung politischen Gehorsams binden möchten.
Stoltenberg, der als Privatdozent der Geschichte wissen müßte, wie deutsche Historiker bis 1945 willfährig Geschichtsklitterung betrieben haben, unterstellt den kritischen Hochschullehrern eine permanente Verfälschung »der deutschen Gegenwart und der letzten zwanzig Jahre«. Er erhebt diesen Vorwurf in einem Augenblick, da seine Parteifreunde im Namen einer Konrad-Adenauer-Stiftung Schriftsteller mit Preisen für staatstreue Gesinnung auszeichnen, deren Geschichtsklitterung vor primitiver Hitler-Apologetik nicht haltmacht.
Das politische Engagement der Hochschullehrer richtet sich gegen die Entpolitisierung der Öffentlichkeit. Die Notstandsgesetzgebung ist ein drastisches Beispiel dafür, daß die praktisch folgenreichen Fragen unter Ausschluß der Öffentlichkeit entschieden werden – wenn nicht ein massiver Druck von außen öffentliche Diskussionen erzwingt. Ein anderes Beispiel für die Austrocknung des demokratischen Willensbildungsprozesses ist die Forschungspolitik, für die Minister Stoltenberg unmittelbar verantwortlich ist. Weder in der Bundesrepublik noch in anderen Ländern wird im Zusammenhang mit Investitionen für Forschung, Entwicklung und Bildung eine breite öffentliche Diskussion und Willensbildung über die Prioritätsfragen in Gang gebracht, von denen der wissenschaftliche und technische Fortschritt und damit die Lebensbedingungen der kommenden Generationen abhängen.

Hilflose Protestresolutionen von Hochschullehrern und die wirksameren Proteste der Studenten bezeugen die Einsicht, daß Politik nicht auf technische und administrative Aufgaben eingeschränkt und über die Köpfe der privatisierten Massen hinweg gemacht werden soll. Den Willen und das Bewußtsein derer, die in dieser Intention einig sind, will Stoltenberg diskriminieren.

Er bringt die kritischen Hochschullehrer in einen fatalen Zusammenhang mit den tragischen Opfern der Osterdemonstration in München. Wir – das gilt auch für unsere von Stoltenberg denunzierten Freunde – setzen alles daran, bei unseren Studenten falschen Interpretationen und verhängnisvollen Identifikationen entgegenzuwirken. Wir wenden uns entschieden gegen die Strategie einer wie immer auch »kalkulierten« Gewaltanwendung. Wir halten Distinktionen zwischen Gewalt dieser und jener Art für scholastisch und würden wünschen, daß der SDS endlich unmißverständlich zwischen Provokation und Gewaltanwendung unterscheidet. Andererseits müssen unsere Vorstellungen wirkungslos bleiben, solange die unqualifizierten Äußerungen von Ministern und Bundestagsabgeordneten dazu angetan sind, genau die Karikaturen zu bestätigen, die dem berechtigten Zorn der Studenten entspringen.

Die Erklärung wurde u. a. in der »Frankfurter Rundschau« vom 9. 5. 68 abgedruckt; der »Tagesspiegel« vom 11. 5. 68 berichtete darüber und über die Beteiligung der Berliner Professoren.

Nachdem die Notstandsgesetze in zweiter Lesung verabschiedet waren, gab es vor der dritten Lesung am 29. 5. weitere Proteste. In Berlin beschlossen viele Studenten und auch eine erhebliche Anzahl von Dozenten, die Lehrveranstaltungen zu politischen Diskussionen umzufunktionieren; teilweise wurden Vorlesungen und Seminare bestreikt; das Germanische Seminar und die Filmakademie wurden besetzt.[1]

Vor seiner Vorlesung am 24. 5. las Szondi als Stellungnahme zur Situation den Artikel »Représentants« von Diderot aus der Encyclopédie (t. 14, 1766) vor, den er zu diesem Zweck übersetzt hatte:

1 Quellen: Süddeutsche Zeitung 25./26. 5. 68, Morgenpost 26. 5. 68, Abend 27. 5. 68, Tagesspiegel 28. 5. 68, New York Times 29. 5. 68, Morgenpost 29. 5. 68, Tagesspiegel 29. 5. 68; Flugblätter und Zeitungen des AStA und verschiedener politischer und universitärer Gruppen.

Die Abgeordneten setzen Vollmachtgeber voraus, von denen ihre Macht ausgeht, denen sie folglich untergeordnet, deren Organe sie nur sind. Welche Bräuche und Mißbräuche im Laufe der Zeit bei freien und gemäßigten Regierungsformen sich auch eingeführt haben: ein Volksvertreter kann nicht das Recht sich anmaßen, seinen Vollmachtgebern eine Sprache zu leihen, die gegen deren Interessen ist. Die Rechte der Vollmachtgeber sind die Rechte der Nation, sie sind unverjährbar und unveräußerlich. Befragt man die Vernunft, so wird sie leicht erweisen, daß die Vollmachtgeber Abgeordnete, von denen sie verraten werden, die ihre Vollmachten gegen sie wenden oder in ihrem Namen auf Rechte verzichten, die ihnen wesenseigen sind, jederzeit Lügen strafen, für unbefugt erklären und abberufen können. Mit einem Wort: Die Vertreter eines freien Volkes dürfen dieses nicht in ein Joch spannen, das sein Glück vernichten würde; keiner erwirbt das Recht, einen anderen gegen dessen Willen zu vertreten.

12. »Hausordnung« und Relegationen
Wintersemester 1968/69

Am 17. 10. 68 verabschiedete das Berliner Abgeordnetenhaus das sogenannte »Vorschaltgesetz«. Es sollte Übergangsregelungen bis zur endgültigen Verabschiedung eines neuen Hochschulgesetzes (vgl. Nr. 16) bestimmen. Nach seinem ersten Teil wurde es vom Senator für Wissenschaft und Kunst »Reformversuchsgesetz« genannt. Dieser erste Teil regelte die Einführung auf Probe von Institutssatzungen mit drittelparitätischen Entscheidungsgremien. Eine solche Satzung war im Sommersemester 1968 z. B. am Otto-Suhr-Institut ausgearbeitet worden; der Akademische Senat hatte ihre Durchführung bis zum Erlaß des Vorschaltgesetzes verhindert.
Der zweite Teil des Vorschaltgesetzes bestand in einer »Hausordnung«. Deren Inhalt waren Teile der alten Disziplinarordnung. Kernpunkt war, daß ein schwerer Verstoß gegen »die Pflicht aller Universitätsmitglieder, daran mitzuwirken, daß die Universität ihre Aufgaben sachgerecht erfüllen kann« in der »vorsätzlichen Störung der Forschung, der Lehr- und sonstigen Universitätsveranstaltungen sowie der Arbeit der Universitätsverwaltung« liege. Im Gegensatz zum früheren Disziplinarrecht gab es aber keinen universitären Disziplinarausschuß mit studentischen Beisitzern, sondern einen vom Akademischen Senat bestellten Ordnungsbeauftragten, der die Befähigung zum Richteramt haben und nicht Mitglied der Universität sein sollte. Seine Entscheidungen sollten im Wege der Klage von den Verwaltungsgerichten überprüft werden können. Die Ordnungsbescheide sollten von der Verwarnung über einen Verweis mit Androhung des Ausschlusses vom Studium bis zum ein- oder mehrsemestrigen oder dauernden Ausschluß vom Studium an der Freien Universität bzw. Technischen Universität gehen können.
In dieser Zeit wurde ein Staatsvertrag der Bundesländer vorbereitet, der ein dem Berliner ähnliches Ordnungsrecht einheitlich an allen Hochschulen der Bundesrepublik herstellen sollte. – Ferner wurde der Jurist Rehse, der Richter am NS Volksgerichtshof gewesen war, freigesprochen. –
Zu Beginn des Wintersemesters protestierten Studenten gegen das Vorschaltgesetz, gegen die Relegation von 18 Schülern der Film- und Fernseh-Akademie und aus anderen Gründen durch aktive Streiks, Seminarbesetzungen und Forderungen nach politischer Diskussion in Lehrveranstaltungen. Vor Weihnachten wurden bereits die ersten Ordnungsverfahren gemäß Vorschaltgesetz eingeleitet, was zu neuen Protesten und zu einer Selbstanzeigen-Aktion führte.
Zum Ordnungsbeauftragten hatte der Akademische Senat den Juristen Blaesing bestellt. In einem Brief vom 20. 12. 68 fragte ihn der damalige Rechtsanwalt Horst Mahler, der die meisten Beschuldigten verteidigte, ob die Information zutreffend sei, daß Blaesing »Mitglied der NSDAP und bis zum Kriegsausbruch Sachbearbeiter bei

der politischen Abteilung der Staatsanwaltschaft beim Kammergericht« gewesen sei. Blaesing weigerte sich, auf diese Frage zu antworten. Der Antrag der studentischen Sprecher im Akademischen Senat, Blaesing wegen Befangenheit abzulehnen und einen anderen Ordnungsbeauftragten zu bestellen, wurde abgelehnt.
Nachdem Blaesing die von Mahler angeführten verfassungsrechtlichen Bedenken gegen die Hausordnung des Vorschaltgesetzes – mangelnde Genauigkeit in der Definition der zu ahndenden Verstöße und mangelnde Trennung von Untersuchung und Urteilsfindung – abgewiesen hatte, relegierte er im Januar die ersten Studenten. Am 20. 1. 69 stellte er ein Verfahren ein und relegierte die beiden studentischen Fakultätssprecher der Juristischen Fakultät für je ein Semester, weil sie in Flugblättern Professoren beleidigt (»Gewölle«, »deformierte Charaktere«, »hinterhältiger Charme«) und zur Gewalt aufgefordert (»Wenn Professoren sich weigern zu diskutieren, schmeißt sie aus dem Hörsaal hinaus«) sowie sich an einem Go-in, das durch die Relegation der Film- und Fernseh-Studenten begründet war, beteiligt hätten. Eine Studentin erhielt nur einen Verweis mit Androhung des Ausschlusses vom Studium, da sie, wie es in der Begründung Blaesings hieß, noch nicht lange an der Freien Universität und noch nicht ans Großstadtleben gewöhnt sei.
Daraufhin verstärkten sich die studentischen Proteste gegen die Hausordnung, sei sie doch ein Mittel, politisch aktive Studenten auszuschalten, zumal die ersten vierzehn Ordnungsverfahren sich fast ausschließlich gegen gewählte Studentenvertreter richteten. Durch eine »Rädelsführertheorie« versuche die Bürokratie, die Solidarisierung unter den Studenten rückgängig zu machen. Dementgegen betonten der Senator für Wissenschaft und Kunst und der Rektor immer wieder, mit dem Ordnungsrecht sollten nicht politische Meinungen, sondern rechtswidrige Verhaltensweisen geahndet werden. Einzelne Hochschullehrer und Gruppen von Dozenten erklärten, sie hielten die Hausordnung und ihre Anwendung für kein geeignetes Mittel zur Lösung bestehender Konflikte. Prof. Ansprenger, damals Geschäftsführender Direktor des Otto-Suhr-Instituts, trat am 19. 12. zurück, weil ohne sein Wissen Ordnungsverfahren gegen Studentenvertreter seines Instituts eingeleitet worden waren, äußerte aber am 9. 1. 69 sein Mißfallen über Streiks und Störungen. Prof. Gollwitzer trat nach Weihnachten gemeinsam mit seinem Seminar in aktiven Streik, d. h. in seinem Seminar wurden statt des bisherigen Gegenstandes politische Themen diskutiert.
Am 27. 1. 68 relegierte Blaesing einen Studenten für ein Semester, fünf Studenten und eine Studentin für je zwei Semester; die letzten sechs waren gewählte Studentenvertreter des Philosophischen Seminars. Ihnen wurde vorgeworfen, dafür verantwortlich zu sein, daß vom 2. bis zum 16. 12. 68 das Philosophische Seminar von studentischen Arbeitsgruppen besetzt und der größte Teil des Lehrkörpers »ausgesperrt« worden war. Geschehen war dies in der deklarierten Intention, eine Institutssatzung einzuführen, der Prof. Feyerabend »im Grunde zustimmte«, die der Rest des Lehrkörpers aber nicht einmal »als Diskussionsgrundlage annehmen« wollte. Zur Zeit der Re-

legation hatte der Lehrkörper allerdings die meisten Forderungen, die zur Seminarbesetzung und Aussperrung geführt hatten, bereits angenommen.

Auf die Relegation reagierte ein Teil des Lehrkörpers am Philosophischen Seminar mit einer langen Erklärung, in der die Dozenten gegen die Relegation »protestierten«, das Ordnungsrecht als ein »Mittel zur politischen Disziplinierung« ablehnten und die Studenten ermahnten, nicht zu provozieren. Konkret erklärten sie: »relegierte Studenten (werden) an unseren Lehrveranstaltungen teilnehmen können«. Der Erklärung schlossen sich außer den Angehörigen des Mittelbaus die Professoren Taubes und Krausser an; Feyerabend war abwesend; über Weischedel hatte die Presse bereits am 5. 12. 68 berichtet, daß er in einem Brief an den Dekan der Philosophischen Fakultät geschrieben habe, während er früher angenommen habe, »den radikalen Studenten käme es wirklich auf eine vernünftige Zusammenarbeit mit den Professoren und auf eine sinnvolle Gestaltung der Universitäten an«, müsse er »nunmehr einsehen, daß andere, die hier Gefahren erblickt hätten, gegen ihn recht behalten hätten«.

Am 26. 1. 69 gab Szondi folgende Erklärung ab:

Erklärung zur Hausordnung

Die Universität ist kein Staat im Staate, sie braucht keine eigene Gerichtsbarkeit. Schon gar nicht eine, in der verzichtet wird auf jene Mittel, welche die Unabhängigkeit und Objektivität der Rechtsprechung sonst gewährleisten sollen: Öffentlichkeit, Unabsetzbarkeit der Richter, Trennung von Untersuchungsführer, Ankläger und Richter.

Aus diesen Gründen lehne ich die Hausordnung ab. Das bedeutet für mich: 1) Ich werde keine Hausordnungsverfahren beantragen. 2) Ich habe nicht vor, dem Ordnungsbeauftragten Studenten namhaft zu machen. 3) Relegierte Studenten werden ihr Studium am Seminar für Allgemeine und Vergleichende Literaturwissenschaft fortsetzen können.

Der einzige Professor, der sich uneingeschränkt Szondis Erklärung anschloß, war der Publizist Pross. Außerdem übernahm Prof. Schnelle (Linguistik, Technische Universität) die Erklärung mit dem Zusatz, er lehne »studentische Maßnahmen« ab, »die nicht dem Zweck der Erweiterung der demokratischen Praxis an der Universität entsprechen«.

Szondis Erklärung wurde ganz oder teilweise abgedruckt u. a. in Veröffentlichungen des AStA, im »Tagesspiegel« und in der »Welt«

vom 29. 1. 69 und in der »FAZ« vom 30. 1. 69, sowie in »studentische politik«, hrsg. vom Forschungsinstitut der Friedrich-Ebert-Stiftung, 2, 1969, p. 95.
Am 7. 2. 69 betonte Rektor Harndt vor der Presse, daß es sich bei den Ordnungsverfahren »um Verwaltungsverfahren handele und nicht um eine eigene Gerichtsbarkeit. Jeder Hochschullehrer sei nach Universitäts- und Beamtenrecht zu wahrheitsgemäßen Angaben verpflichtet, wenn er im Rahmen des Ordnungsverfahrens gehört oder um dienstliche Äußerung gebeten werde. Die persönliche Auffassung über die Zweckmäßigkeit gesetzlicher Regelung entbinde nicht von der Beobachtung der Gesetze.«
Zur Berichterstattung in der »FAZ« erschien am 8. 2. 69 ein Leserbrief, in dem Szondi vorgeworfen wurde, er formuliere seine Thesen von »der soliden Basis gesicherter Unkenntnis aus«; die Disziplinarausschüsse seien keine Gerichte, sondern erließen »Verwaltungsakte«, »die den Weg zu den Verwaltungsgerichten erst eröffnen«; damit erledige sich »alles Gerede von der Universität als ›Staat im Staate‹« und »von der Verletzung rechtsstaatlicher Grundsätze«. Szondis Antwort darauf erschien in der »FAZ« vom 14. 2. 69:

Zu der Kritik, die Dr. Rupert Hofmann (Leserbrief vom 8. Februar) an der Erklärung übt, die ich zu den Hausordnungsverfahren der Freien Universität Berlin abgegeben habe, möchte ich richtigstellen: In meiner Erklärung war von »Verletzung rechtsstaatlicher Grundsätze« nicht die Rede, diese Worte stehen im kommentierenden Text des F.A.Z.-Berichterstatters. Als Nichtjurist würde ich mich hüten, solche Urteile zu fällen. Nur: wenn die von mir erwähnten Grundsätze bei den Hausordnungsverfahren deshalb nicht Anwendung finden, weil es sich dabei um Verwaltungsverfahren handelt, so ist mein Einwand eben der, daß die Universität ihre internen Konflikte durch Verwaltungsakte beheben will, statt die jenen Konflikten zugrundeliegenden Probleme auf dem Wege der Diskussion und der Reform zu lösen und die im Zusammenhang mit ihnen verübten strafbaren Handlungen den Gerichten zu überweisen, für die jene Grundsätze Geltung haben. Wohl dem, für den politische und moralische Bedenken gegen Relegationen sich in nichts auflösen, sobald er weiß, daß diese nicht Urteile, sondern Verwaltungsakte sind. Jurist müßte man sein.

Auf disziplinarisch besorgte Anfragen aus dem Amt des Senators für Wissenschaft und Kunst antwortete Szondi am 20. 2. 69:

Um jedes Mißverständnis auszuschließen, möchte ich betonen, daß ich die Punkte 2 und 3 meiner Erklärung zur Hausordnung für vereinbar halte mit der Versicherung, derzufolge ich mir bewußt bin, gehalten zu sein, nach pflichtgemäßem Ermessen an dem gesetzten Hausordnungsrecht mitzuwirken, und mich keiner Pflichtverletzung schuldig machen will. Punkt 2 besagt, daß es nicht meine Absicht ist, dem Ordnungsbeauftragten Studenten namhaft zu machen. Werde ich dazu aufgefordert, so werde ich meinen Pflichten nachkommen, soweit ich das verantworten kann. Punkt 3 besagt, daß ich als Wissenschaftler bereit sein werde, mit relegierten Studenten weiter zusammenzuarbeiten und sie in der Fortführung ihrer Studien zu unterstützen. Als beamteter Hochschullehrer und Seminardirektor werde ich mich an die Verfügungen meiner Vorgesetzten halten, falls und soweit ich das verantworten kann.

Ein Teil der Relegationen, die hier erwähnt wurden, sowie der weiteren im Verlauf des Wintersemesters 1968/69 und des Sommersemesters 1969 von Blaesing ausgesprochenen wurden im Sommer 1969 vom Verwaltungsgericht aufgehoben; die große Zahl der übrigen wurden vom Präsidialamt nach Einführung des neuen Hochschulgesetzes rückgängig gemacht.[1]

Vgl. zu dieser Erklärung auch Nr. 18

1 Quellen: Tagesspiegel 3. 11. 68, 27. 11. 68, 4. 12. 68, 5. 12. 68, Welt 6. 12. 68, Tagesspiegel 10. 12. 68, 18. 12. 68, FAZ 20. 12. 68, Abend 20. 12. 68, Tagesspiegel 24. 12. 68, 7. 1. 69, 9. 1. 69, 10. 1. 69, 14. 1. 69, Frankfurter Rundschau 17. 1. 69, Abend 21. 1. 69, Tagesspiegel 21. 1. 69, Welt 29. 1. 69, Tagesspiegel 29. 1. 69, FAZ 30. 1. 69, Tagesspiegel 30. 1. 69, Frankfurter Rundschau 30. 1. 69, Tagesspiegel 4. 2. 69, 8. 2. 69, 9. 2. 69, 12. 4. 69, FAZ 25. 4. 69, Tagesspiegel 30. 4. 69, FAZ 21. 4. 69;
Spiegel 10/1969; studentische politik, hrsg. vom Forschungsinstitut der Friedrich-Ebert-Stiftung 2/1969; Flugblätter verschiedener studentischer Gruppen und Gremien und von Gruppen von Dozenten.

13. Brief über die Lernfreiheit
Wintersemester 1969/70

Nachdem das neue Hochschulgesetz in Kraft getreten war (vgl. Nr. 16), wählte das Konzil[1] am 24. 11. 69 den Diplomphysiker und Soziologie-Assistenten Rolf Kreibich zum ersten Präsidenten[2] der Freien Universität. Eine seiner ersten Amtshandlungen bestand darin, die Mitglieder des Ordnungsausschusses[3], zu denen immer noch Blaesing gehörte (vgl. Nr. 12), durch zwei jüngere Rechtsanwälte und einen Jura-Studenten zu ersetzen. Als Studenten die Lehrveranstaltungen eines Professors der Wirtschafts- und Sozialwissenschaftlichen Fakultät störten, nachdem dieser die Anstellung eines marxistisch orientierten Tutors hatte verhindern wollen, holte der Präsident nicht die Polizei, sondern bat den Professor, falls dieser nicht in den Lehrveranstaltungen mit den Studenten diskutieren wolle, einige Sitzungen ausfallen zu lassen, bis in Gesprächen zwischen ihm, den Studenten und dem Präsidenten ein Kompromiß erreicht sei.
Diese und ähnliche Handlungen warfen die sechs Dekane der Freien Universität dem Präsidenten in einem Offenen Brief vom 12. 12. 69 vor, den er erst erhielt, als schon in der Presse darüber berichtet worden war. In einem Antwortschreiben vom 17. 12. bedauerte Kreibich diese Veröffentlichung, begründete seine Maßnahmen und wies einige offenbar auf ungenauen Informationen beruhende Unterstellungen zurück. Am 12. 1. 70 schrieben die sechs Dekane an den Regierenden Bürgermeister und an den Senator für Wissenschaft und Kunst:
»Die Sorge um die Zukunft der FU veranlaßt uns zu diesem Brief. Wir möchten noch einmal vorausschicken, daß die Notwendigkeit einer Hochschul- und Studienreform für uns selbstverständlich ist.

1 Das Konzil ist zuständig für die Wahl und Abwahl des Präsidenten, für die Verabschiedung und Änderung der Satzung und der Wahlordnung und die jährliche Erörterung und Billigung des Rechenschaftsberichts des Präsidenten. Es besteht aus je 2 Hochschullehrern, 2 Wissenschaftlichen Mitarbeitern und 2 Studenten aus jedem Fachbereich sowie 20 Anderen Dienstkräften.

2 Der Präsident trat an die Stelle des früheren Rektors. Er wird vom Konzil für 7 Jahre gewählt. Seine hauptsächlichen Aufgaben sind, die Beschlüsse des Akademischen Senats, des Konzils, des Kuratoriums und ihrer Kommissionen auszuführen; im Bereich der akademischen Selbstverwaltung die Rechtmäßigkeit der Entscheidungen anderer Stellen der Universität zu prüfen; Inhaber des Hausrechts zu sein und die Ordnung in der Universität zu wahren.

3 Durch das neue Universitätsgesetz war an die Stelle des Ordnungsbeauftragten ein vom Präsidenten zu bestellender Ordnungsausschuß getreten, von dessen drei Mitgliedern eines die Befähigung zum Richteramt haben muß.

Angriffe, die uns als Gegner eines Reformwerks hinstellen wollen, gehen deshalb fehl.
Die unverzichtbare Lebensgrundlage jeder Hochschule, die Lehr- und Lernfreiheit, ist an unserer Hochschule nicht mehr gesichert.
Darüber, ob die hochschulpolitischen Forderungen bestimmter Gruppen in ihren Zielen gerechtfertigt sind, gehen die Meinungen weit auseinander. Die zu ihrer Durchsetzung verbreitet angewendeten und von der Universitätsspitze geduldeten Methoden zerstören die Universität. Auch vermeintlich gerechtfertigte Forderungen geben nicht das Recht, sie unter ständiger gezielter Verletzung der Lehr- und Lernfreiheit anderer mit Gewalt durchzusetzen.
Die Hochschulreform kann nur gelingen unter der von allen anerkannten Herrschaft des Rechts. Das Recht ist nicht teilbar.
Es ist kein beliebig manipulierbares Instrument politischer Opportunität. Wie sein Verhalten bei mehreren schwerwiegenden Rechtsbrüchen in der letzten Woche gezeigt hat, ist der Herr Präsident der Freien Universität nicht in der Lage, die Lehr- und Lernfreiheit für alle Angehörigen der Universität aufrechtzuerhalten. Über die gravierende Entwicklung der letzten Zeit sind Sie unterrichtet. Die sechs Dekane der Freien Universität bitten Sie, in Ihrer Verantwortung für die Durchführung des neuen Universitätsgesetzes, zum Schutze der Rechte von Lehrenden und Lernenden unverzüglich Ihre Rechtsaufsichtspflicht wahrzunehmen.
Wir behalten uns vor, im Benehmen mit Ihnen diesen Brief der Öffentlichkeit zu übergeben.«
Am 16. 1. 70 kritisierten die Versammlung der Vertreter der Wissenschaftlichen Mitarbeiter der Freien Universität und die Vertreter der Studenten der Juristischen Fakultät, am 23. 1. 70 die Wissenschaftlichen Mitarbeiter der Juristischen Fakultät diesen Brief. Am 20. 1. 70 bedauerten neun Professoren der Philosophischen Fakultät in einem Brief an ihren Dekan, daß er ohne Wissen der Fakultät Mitverfasser dieses Briefes war.
Am 19. 1. 70 schrieb Szondi an die gleichen Adressaten wie die sechs Dekane einen Offenen Brief:

Sehr verehrter Herr Regierender Bürgermeister!
Sehr verehrter Herr Senator!
Die Dekane der Freien Universität Berlin haben Sie in einem Brief gebeten, Ihre Rechtsaufsichtspflicht wahrzunehmen, da der Präsident der FU, Herr Rolf Kreibich, nicht in der Lage sei, die Lehr- und Lernfreiheit für alle Angehörigen der Universität aufrechtzuerhalten. Der Dekan der Philosophischen Fakultät, der ich angehöre, hat es bislang nicht für nötig gehalten, den Wortlaut des Briefes den Fakultätsmitgliedern mitzuteilen; ich muß mich daher im folgenden auf die Berichte in der Presse

stützen. Da der Dekan, Herr von Simson, es auch nicht als notwendig erachtet hat, den Inhalt und die Bitte dieses Briefes zuvor in der Fakultät zu diskutieren, um festzustellen und Ihnen berichten zu können, wie viele Fakultätsmitglieder die bisherige Tätigkeit des Präsidenten eventuell anders beurteilen als er und seine Dekanskollegen, sehe ich mich als Fakultätsmitglied, in dessen Namen, aber ohne dessen Wissen und Zustimmung, der Brief mit verfaßt worden ist, gezwungen, zu den gegen Herrn Kreibich gerichteten Vorwürfen der Dekane wie folgt Stellung zu nehmen:

Es trifft zu, daß die Lehr- und Lernfreiheit an der FU gegenwärtig nicht gesichert ist. Unzutreffend aber ist, daß diese Sicherung, was die *Lern*freiheit betrifft, *nicht mehr* gegeben sei. Denn eine Lernfreiheit in der Bedeutung des Wortes, die analog wäre jener, in der üblicherweise von Lehrfreiheit gesprochen wird, hat es vor Beginn der Reformen für die Studenten überhaupt nicht gegeben. Sie lernten, was den Hochschullehrer, in vollem Genuß seiner Lehrfreiheit, zu behandeln gut dünkte. Daß die im Grundgesetz geschützte Freiheit der Lehre nicht bedeuten *muß*, daß über das Lehrangebot allein die Professoren bestimmen, daß sie vielmehr auch bedeuten könnte (und m. E. sollte), daß die Hochschullehrer über alle Themen ihre Meinung frei äußern dürfen, die Themen jedoch mit den Studenten und Kollegen zusammen festgelegt werden können (wobei natürlich niemand zur Behandlung eines Themas in Vorlesung oder Seminar gezwungen werden darf) – zu dieser Auffassung, die eine Vorbedingung jeder Hochschulreform darstellt, die nicht zum Scheitern verurteilt sein soll, scheinen weder die sechs Dekane noch die mit ihnen übereinstimmenden Kollegen sich durchringen zu können. Insofern ist auch die Versicherung der Dekane, die Notwendigkeit einer Hochschul- und Studienreform sei für sie selbstverständlich, ohne jede Relevanz, mag sie auch subjektiv ehrlich gemeint sein.

Wenn der Präsident der FU versucht, einen Konflikt wie z. B. den zwischen einer Gruppe von Studenten und den Hochschullehrern der WiSo-Fakultät zu entschärfen, indem er ihn unter Verurteilung der von den Studenten angewandten Gewalt auf seinen rationalen Kern zurückführen will, nämlich auf den Wunsch dieser Studentengruppe, einen bestimmten Gegenstand bzw. eine bestimmte Lehrmeinung ihrer Disziplin im Lehrangebot wenn schon nicht durch einen Hochschullehrer, so doch wenigstens durch einen Tutor vertreten zu sehen, so wird dadurch die Lehr- und Lernfreiheit nicht, wie die Dekane zu meinen scheinen, gefährdet, sondern die *Lern*freiheit überhaupt erst ihrer Verwirklichung um ein Stück nähergebracht, während die *Lehr*freiheit, die durch die studentischen Aktionen beschränkt worden ist, mit Sicherheit nicht polizeilich wiederhergestellt werden kann, möglicherweise aber durch dieselbe Zielsetzung des Präsidenten: durch die Erfüllung von Forderungen der Studenten, die im Sinne der Lernfreiheit berechtigt sind, deren Aktionen gegenstandslos und hinfällig zu machen.
Selbst wenn jene recht hätten, die meinen, solche Forderungen seien bloß Vorwand, einmal erfüllt, würden sie von den Radikalen durch andere ersetzt, so hieße das nicht, daß man unterlassen soll zu erfüllen, was an Forderungen für die Reform der Universität unabdingbar ist, nämlich die Mitwirkung der Studenten an der Zusammenstellung des Lehrangebotes. Wer das Argument benutzt, die Forderungen seien bloß Vorwände radikaler Gruppen, der übersieht zugleich, daß radikale Gruppen keine Naturgegebenheit sind, sondern das Produkt politischer und hochschulpolitischer Verhältnisse. Zu den Entstehungsbedingungen des studentischen Radikalismus zählen bekanntlich: die überlieferte Struktur der Universität, die erst jüngst durch das neue Universitätsgesetz geändert wurde; der Mangel an Bereitschaft zu Diskussion und Reform bei allzu vielen Ordinarien; die Schikanen

des Rektorates (Raumvergabe u. a.); die frühe Bekanntschaft, welche die Studenten mit den Schlagstöcken der Polizei und den Gefängniszellen der Justiz schon zu einem Zeitpunkt haben machen müssen, als ihre Demonstrationen noch ohne jede Gewaltanwendung verliefen (Vietnamdemonstrationen im Dezember 1966); die uneingeschränkte Unterstützung und Verteidigung dieser polizeilichen Maßnahmen durch den damaligen Politischen Senat sowie durch weite Teile der Berliner Presse, die sich, sei's der Verketzerungstechnik bediente (»Ausmerzen!«, Berliner Morgenpost), sei's der Verschweigungs- und Vertuschungstaktik (vgl. die gesamte Berliner Presse in den Tagen nach dem 2. Juni 1967).
Wenn nun die Dekane behaupten, der Präsident der Freien Universität sei nicht in der Lage, die Lehr- und Lernfreiheit für alle Angehörigen der Universität aufrechtzuerhalten, so sagen sie nur die halbe Wahrheit, denn sie verschweigen, daß kein einziger Vorgänger des Präsidenten, d. h. keiner der seit Beginn der Studentenbewegung amtierenden Rektoren dazu je in der Lage war. Die halbe Wahrheit ist aber immer schon die Unwahrheit. Die Reaktion der Dekane auf die Bemühungen von Herrn Kreibich, ohne Polizeieinsatz Konflikte auf *dem* Weg zu lösen, der einer Universität allein angemessen ist: auf dem Weg der Diskussion, eine Bemühung, der sich in der Vergangenheit keiner der Rektoren und auch nicht der amtierende Dekan der Philosophischen Fakultät unterzogen hat, – diese Reaktion erweckt den fatalen Eindruck, sie entstamme der Verärgerung der Dekane darüber, daß der Präsident sich die Lösung einer Aufgabe vorgenommen hat, zu der sie selber weder fähig wären noch bereit sind.

Mit den verbindlichsten Empfehlungen bin ich

Ihr ergebener

Szondi

Abschriften dieses Briefes erlaube ich mir zu schicken:
1) an den Präsidenten der FU,
2) an den Dekan der Philosophischen Fakultät,
3) an die Redaktionen des »Tagesspiegel« und der »Zeit«

Der Brief wurde abgedruckt in der »FU-Information«, hrsg. vom Präsidenten der FUB, Jg. 6 Nr. 1, 26. 1. 70 und in der »Neuen Sammlung« 10. Jg., Mai/Juni 1970, H. 3, pp. 244–246. Über ihn berichteten und druckten ihn auszugsweise der »Tagesspiegel« vom 20. 1. 70, die »FAZ« vom 22. 1. 70, die »Zeit« vom 23. 1. 70, die »Frankfurter Rundschau« vom 29. 1. 70 und die »Süddeutsche Zeitung« vom 16. 2. 70. In der »FAZ« vom 11. 2. 70 erschien ein ausführlicher Leserbrief von Hartmut von Hentig, in dem es hieß: »in den Dschungel der Berliner Universitätsstreitigkeiten hat der Brief von Szondi eine klare gedankliche und politische Schneise gelegt.«[4]

Am 20. 1. 70 beantwortete der Regierende Bürgermeister Szondis Brief:

»Sehr geehrter Herr Professor Szondi!
Für Ihr Schreiben vom 19. Januar 1970 möchte ich Ihnen verbindlich danken. Ich habe Ihre Ausführungen mit großem Interesse zur Kenntnis genommen.

In vorzüglicher Hochachtung
Ihr
Klaus Schütz«

Vgl. zu Szondis Offenem Brief auch Nr. 18.

4 Quellen:
Abend 16. 12. 69, Tagesspiegel 16. 12. 69, Abend 17. 12. 69, Tagesspiegel 17. 12. 69, 18. 12. 69, 23. 12. 69, 17. 1. 70, 18. 1. 70;
FU-Information, hrsg. vom Präsidenten der FUB, Jg. 6 Nr. 1, 26. 1. 70;
Universitätsgesetz des Landes Berlin vom 16. 7. 69.

14. Auseinandersetzung an der Philosophischen Fakultät
Wintersemester 1969/70

Am 17. 12. 69 gab die Philosophische Fakultät der Freien Universität eine Vertrauenserklärung für ihren Dekan, von Simson, ab, um Vorwürfe des Präsidenten Kreibich gegen ihn zurückzuweisen. Kreibich hatte öffentlich erklärt, von Simson steuere eine Kampagne gegen ihn. Tatsächlich gehörte von Simson zu den Initiatoren einer Unterschriftensammlung, die kurz nach der Bestätigung Kreibichs als Präsident in Gang gesetzt worden war, um Vorwürfe gegen ihn und seine politische Linie zu erheben (vgl. auch Nr. 13). Vor der Vertrauensabstimmung informierte von Simson nicht über diese Unterschriftensammlung. Als sie bekannt wurde, warfen 17 Mitglieder der Fakultät am 16. 2. 70 dem Dekan »bewußte Irreführung der Fakultät« vor und protestierten dagegen.
Am 20. 2. 70 wiesen 38 Mitglieder der Fakultät diesen Vorwurf als »grotesk« zurück und erklärten, das von den 17 kritisierte Rundschreiben sei denjenigen bekannt gewesen, die am 17. 12. 69 dem Dekan das Vertrauen ausgesprochen hatten. Die Erklärung der 17 müsse als »Mosaikstein« in »einem systematischen Kesseltreiben gegen den Dekan« gewertet werden, dessen »Integrität« für die 38 Unterzeichner außer Zweifel stehe. Mit persönlichen Polemiken sei der Freien Universität nicht gedient. Diese »unsachliche und fragwürdige Form« der Auseinandersetzung werde von den 38 aufs schärfste mißbilligt.[1]
Dazu schrieb Szondi einen Leserbrief, der im »Tagesspiegel« am 8. 3. 70 veröffentlicht wurde:

Irreführung der Fakultät

38 Mitglieder der Philosophischen Fakultät der Freien Universität Berlin haben sich gegen die Erklärung von 17 anderen Fakultätsmitgliedern gewandt, die dem Dekan die bewußte Irreführung der Fakultät anläßlich eines ihm selbst geltenden Vertrauensvotums vorgeworfen hatten. Darüber wurde in den Ausgaben vom 17. und 21. Februar berichtet. Bestreiten die 38 den Tatbestand, aus dem die 17 ihren Vorwurf abgeleitet haben? Nein. Sie begnügen sich damit, den Vorwurf »grotesk« zu nennen – dieses Wort hat immer schon herhalten müssen, wenn

1 Quellen: Tagesspiegel 17. 2. 70, 21. 2. 70.

man ein Urteil nicht begründen wollte oder konnte. Sie sprechen ferner von einem »systematischen Kesseltreiben gegen den Dekan«, als könnte der Umstand, daß jemand einer Reihe von Angriffen ausgesetzt ist, nicht auch ein Indiz sein dafür, daß er etwas falsch gemacht hat, als genügte vielmehr die Jagdmetapher, ihn als unschuldig Verfolgten auszuweisen. In der Sprache der Parteien und Regierungen mißbilligen sie ferner »aufs schärfste« und sprechen von »unsachlicher und fragwürdiger Form« der Auseinandersetzung, statt zur Sache zu sprechen und die Frage zu beantworten, warum der Dekan der Fakultät nicht gesagt hat, daß seine Unterschrift unter einer gegen den Präsidenten der FU gerichteten Erklärung steht, die nur vertrauenswürdigen Kollegen zugesandt wurde. Daß die 38 ihm das Vertrauen aussprachen, obwohl ihnen, wie sie mitteilen, das Rundschreiben und des Dekans Mitautorschaft bekannt war, ist nur recht und billig: Vertrauen gegen Vertrauen. Aber indem sie wissend und schweigend duldeten, daß der Dekan mehr als eine Stunde lang über die Frage diskutieren ließ, ob die Vorwürfe des Präsidenten begründet oder unbegründet waren, ohne den nicht eingeweihten Fakultätsmitgliedern den Grund zu verraten, den der Präsident meinte, nämlich die Miturheberschaft des Dekans bei der Unterschriftensammlung, das macht sie im nachhinein mitverantwortlich für die Irreführung der nicht zu den 38 gehörenden Fakultätsmitglieder. Zudem beweisen sie einen bemerkenswerten Sinn für unfreiwillige Komik, wenn sie von der für sie außer Zweifel stehenden »Integrität« ihres angegriffenen Kollegen sprechen, ihn aber im selben Atemzug, um ihn zu exkulpieren, auseinandernehmen in den Hochschullehrer, der unterschrieben hat, und in den Dekan, der die Unterschrift seines Hochschullehrer-Doppelgängers in der Debatte nicht hat erwähnen müssen. Zumindest die Philologen unter den 38 hätten hier die Etymologie des Wortes »Integrität« nicht übersehen sollen.

15. Wissenschaftszentrum GmbH
April 1970

Am 2. 3. 69 wurde von 15 Gesellschaftern, die wichtige Positionen in CDU, CSU und SPD und Wirtschaft innehatten (später kam noch ein FDP-Mitglied hinzu), die »Wissenschaftszentrum Berlin gemeinnützige Gesellschaft mbH« gegründet. Ab Februar 1970 erfuhr allmählich die Öffentlichkeit aus Presseberichten von der Existenz dieser Gesellschaft; aus längeren Artikeln, für die die Journalisten teilweise nur mit Mühe die hektographierten Broschüren erhalten hatten, wurde im März und April einiges über Ziele und Zweck bekannt.
Das Wissenschaftszentrum sollte sich gemäß den Planungsbroschüren aus acht Institutionen zusammensetzen: I Deutsche Fakultät (»eine deutsche Universität, deren Lehrpersonal hauptsächlich im Ausland tätig ist«) II Deutsches Kolleg (»eine Institution, in die berufen zu werden eine besondere Auszeichnung darstellt«) III Internationales Zentrum für fortgeschrittene Studien (»Transposition des Study Center for Advanced Behavioral Research«) IV Berlin-Preis der deutschen Wissenschaft (drei Preise à 100 000 DM pro Jahr mit »großem Festakt« – »die Höhe des Preises unterstreicht das Prestige«) V Institut für Management und Verwaltung (»Schulung geeigneten Nachwuchses« zur Leitung von »komplexen Großbetrieben«, Grundlagenforschung, Beratertätigkeit) VI Institut für Friedens- und Konfliktforschung (»Zu betonen ist, daß das Institut ausdrücklich die innergesellschaftlichen Probleme in seine Forschungstätigkeit einbezieht«; zu den Forschungsthemen gehören etwa »militante ideologische Bewegungen aus Gebieten, in denen sie geduldet werden, in andere, wo sie systemgefährdend wirken«) VII Institut für Linguistik und Lebensweltforschung (»große Bedeutung für die Sozial- und Verhaltensforschung im allgemeinen, für den Fragenkreis der Meinungsbildung und Meinungsbeeinflussung, also der konkreten Informationspolitik im besonderen«) VIII Institut für Urbanistik (»dabei muß die Stadtplanung versuchen, den Marktmechanismus zu ergänzen, ohne ihn aufzuheben«).
Konkret geplant wurden im Laufe des Jahres 1969 und Anfang 1970 das Internationale Institut für Management und Verwaltung und das Internationale Institut für Friedens- und Konfliktforschung. Die Pläne wurden von Mitarbeitern verfertigt, die von den Gesellschaftern ausgewählt und berufen waren; ebenso wurden die Pläne endgültig von den Gesellschaftern verabschiedet. Die Finanzierung war aus öffentlichen Mitteln geplant.
Als die Pläne bekannt wurden, wandten sich dagegen: die Westdeutsche Rektorenkonferenz, die Bundes-Assistenten-Konferenz, einzelne SPD-Abgeordnete, der Landesparteitag der Berliner FDP, die Gewerkschaft Erziehung und Wissenschaft, die Präsidenten, Senate, Assistenten und Studenten beider Berliner Universitäten. Einzig die CDU war voll dafür. Einige Professoren zogen ihre bereits begon-

nene oder versprochene Mitarbeit zurück; der Friedensforscher Johan Galtung aus Oslo etwa, weil ihm bei genauerer Betrachtung »the whole concept law-and-order oriented« erschien.

Am 15. 4. 70 fand eine Pressekonferenz der beiden Berliner Universitäten statt, auf der sich außer den beiden Präsidenten Prof. Dreitzel von der Entwicklungsplanungskommission der Freien Universität, Prof. Taubes als Vertreter der vorbereitenden Kommission zur Bildung des Fachbereichs »Philosophie und Sozialwissenschaften«, sowie Szondi und ein Studentenvertreter der Technischen Universität gegen das Wissenschaftszentrum äußerten. Die Präsidenten wiesen darauf hin, daß es für dessen Vorhaben an den beiden Universitäten selbst personelle und durch das neue Universitätsgesetz auch institutionelle Voraussetzungen gebe; sie kritisierten die mangelnde Kontrolle öffentlicher Gelder und die geplante Abwerbung von Professoren. Ergänzt wurden die Bedenken gegen die Auslagerung der Forschung aus der Universität mit dem Hinweis (Taubes), daß die von dem Institut für Linguistik und Lebensweltforschung geplanten Vorhaben auch an den TU- und FU-Instituten für Linguistik, Hermeneutik und Soziologie verwirklicht werden könnten. Szondi gab folgende Erklärung ab:

»Wissenschaftszentrum Berlin, Gemeinnützige GmbH«

Motive

Was beim Studium des 27 Seiten umfassenden Gründungsexposés vom Februar 1969 zunächst auffällt, ist zweierlei: Es dürfte sich um den einzigen Text der letzten Jahre handeln, der Fragen der Hochschulen, der Hochschullehrer und der Forschung behandelt, ohne daß auch nur mit einem Wort erwähnt würde, was jeder seit 3 bis 4 Jahren mit Hochschule, Professor, Forschung assoziiert: studentische Forderungen, Universitätskonflikte, Hochschulreform. Wenn zu einem so wichtigen Punkt so auffallend geschwiegen wird, dann dürfte dieser Punkt nicht ohne Bedeutung sein für das ganze Unternehmen. Diese Vermutung wird bestätigt durch das andere, was auffällt: da wird im Februar 1969 in Berlin ein »Wissenschaftszentrum« als GmbH gegründet, es werden einige Dutzend Wissenschaftler zu mehr oder minder enger Zusammenarbeit gewonnen, das Wissenschaftsministerium überweist zunächst 263 000 DM, gibt die Zusage für 2,5 Millionen für das Jahr 1970, für das Jahr 1971 ist von 6 Millionen die Rede – und dies alles erfolgt unter Ausschluß der Öffentlichkeit, jener Öffentlichkeit, aus deren Steuergeldern diese Summen doch herstammen. »Die Gesellschaft« sei – so heißt es im ersten Jahresbericht – »bisher nicht an die Öffentlichkeit getreten, sondern war lediglich einigen Kreisen der Wissenschaft und der Regierung bekannt«. Auch diese Geheimniskrämerei muß ihre Gründe haben, auch sie dürfte zum Kaschieren der wahren Motive dieses Projekts dienen. Welches sind diese Motive?

Die Lektüre der Broschüre vom Februar 1969 gibt jedem, der mit der Entwicklung an den Hochschulen nicht nur Deutschlands, sondern großer Teile Europas, Amerikas und auch fernöstlicher Länder, einigermaßen vertraut ist, eine eindeutige Antwort auf diese Frage: Die Gründung »Wissenschaftszentrum Berlin, Gemeinnützige GmbH« erfolgte nicht, um Berlin zu helfen; sie erfolgte nicht, um wichtige Mängel der deutschen Wissenschaft durch neue Institute zu beheben – sie erfolgte angesichts der Entwicklung an den Hochschulen und angesichts der Konsolidierung dieser Tendenzen durch die in den meisten Ländern der Bundesrepublik vorbereiteten oder schon verabschiedeten neuen Universitätsgesetze. Diese Gesetze haben zweierlei gemeinsam: Sie schränken erstens die überlieferte Allmacht der Ordinarien innerhalb der Universitäten ein (die, nebenbei gesagt, nichts mit der im Grundgesetz garantierten Freiheit von Forschung und Lehre zu tun hat, da sich diese Freiheit als Grundrecht auf die Beziehung Wissenschaftler einerseits, Staat andererseits bezieht, nicht aber auf die Stellung des Wissenschaftlers innerhalb einer bestimmten Institution). Zweitens entspricht dieser Einschränkung der Ordinarienrechte die Mitbestimmung, die den übrigen Mitgliedern des Lehrkörpers und den Studenten zugebilligt wird. Die

Forderungen der Studenten sowohl in Deutschland als auch insbesondere in Nordamerika haben nun in den letzten Jahren gezeigt, daß es ihnen u. a. um die Entflechtung von Universitätsforschung und privatwirtschaftlicher Industrie als Auftraggeber geht. Diese beiden Punkte: 1. die Einschränkung der Rechte der Lehrstuhlinhaber; 2. die Einschränkung des Einflusses, den die Wirtschaft auf die Universitätsforschung ausübt, dürften die wichtigsten Motive sein, die zu der Gründung des »Wissenschaftszentrums Berlin GmbH« geführt haben. Die Ziele, welche das »Wissenschaftszentrum Berlin« in Reaktion auf diese Entwicklung verfolgt, kann man so oder so beurteilen. Sie dürften gegen kein geltendes Gesetz verstoßen; nicht das ist das Problematische daran. Wonach man zu fragen hat, ist vielmehr erstens, wie es den Gründern und Gesellschaftern der GmbH gelungen ist, mit ihren Projekten eine große Zahl von Wissenschaftlern und Abgeordneten – in Berlin und in Bonn – zu gewinnen, und zweitens, ob die Projekte, mit denen diese Unterstützung gewonnen wurde, in einer Demokratie aus öffentlichen Mitteln überhaupt finanziert werden dürfen.

Projekte

Geplant (bzw. in einem Fall bereits verwirklicht) sind einerseits Institutionen, welche auf je verschiedene Weise Forschung und Wissenschaftler fördern sollen, andererseits zunächst vier Institute, die dieses Ziel auf bestimmten Gebieten verfolgen. Man kann davon ausgehen, daß diese Projekte so gut wie ausnahmslos Desideraten der deutschen Universitäts- und Forschungssituation entgegenkommen; man kann annehmen, daß das »Wissenschaftszentrum Berlin« bei gewissen Mißständen und Mängeln der bestehenden Universitäten bzw. ihrer überlieferten Struktur einhakt. Ohne allzu sehr ins einzelne zu gehen, sei diese Behauptung an einigen Beispielen verdeutlicht und erhärtet:

Die sog. »Deutsche Fakultät« versucht, die Probleme zu lösen, die es für einen deutschen Wissenschaftler erschweren, ins Ausland zu gehen. Diese Schwierigkeiten gibt es. Will man für ein Semester weg, so muß man einen Lehrstuhlvertreter finden, dessen Finanzierung durch die Deutsche Forschungsgemeinschaft in letzter Zeit wegen Geldknappheit immer schwieriger geworden ist. Die Probleme sind also primär finanzieller Natur. Wenn es in Bonn dafür kein Geld gibt, muß man das vielleicht akzeptieren. Wenn aber das »Wissenschaftszentrum« u. a. zu diesem Zweck aus Bonn jährlich 2 bis 6 Millionen bekommen soll, dann scheint es das Geld doch zu geben. – Das Problem des Auslandsaufenthalts ist ferner eine Frage des Beamtenrechts: mancher geht nicht ins Ausland, um seine Beamtenrechte in Deutschland nicht zu verlieren oder um sie überhaupt erst zu gewinnen. Auch hier könnte geholfen werden, aber nicht durch eine GmbH, sondern durch eine Novellierung der Hochschullehrergesetze der Bundesländer. Unverständlich bleibt, auf welche Weise eine GmbH durch die Schaffung einer sog. »Deutschen Fakultät«, die sie ausdrücklich als »Universität« bezeichnet, die ins Ausland gehenden Wissenschaftler (wie S. 3 der Broschüre zweimal gesagt wird) »beamtenrechtlich« sichern bzw. verankern will. GmbH-Beamte – das ist ein Novum, wenn nicht gar eine contradictio in adiecto.

Das sog. »Deutsche Kolleg«, dem »Collège de France« nachgebildet, (das zweite Projekt der GmbH) entspricht dem Bedürfnis, für eine kleine Zahl von Wissenschaftlern die Möglichkeit der Forschung zu geben, ohne sie mit Lehr- und Prüfungsverpflichtungen zu belasten. Diese Möglichkeit besteht bereits im Rahmen der Max-Planck-Gesellschaft. Es ist nicht einzusehen, warum nicht auf diesem Weg, also durch die Erhöhung des Etats der Max-Planck-Gesellschaft bzw. durch die Errichtung neuer Institute innerhalb dieser Gesellschaft, die keine GmbH mit privaten Gesellschaftern ist, diesem Bedürfnis abgeholfen werden könnte, es sei denn, man legt Wert auf die Verbindung zwischen solchen Forschungsstellen und den Universitäten und errichtet an den Universitäten eine jeweils begrenzte Zahl von Forschungsprofessuren. – Das von dem »Wissenschaftszentrum Berlin GmbH« projektierte »Deutsche Kolleg« hat, wie es in der Broschüre heißt, zwei Vorbilder: das Collège de France und das Princeton Institute for Advanced Study. Diese beiden Vorbilder zeigen sofort die ganze Problematik des Projekts: das Collège de France ist eine staatliche, aber weitgehend autonome Institution; das Princeton Institute for Advanced Study wurde mit privaten Mitteln gegründet und wird von privaten Spendern finanziert. Die Bundesrepublik und das Land Berlin können das eine tun, die GmbH kann das andere tun. Was nicht geht, ist die Verquickung beider Möglichkeiten: die Schaffung einer aus öffentlichen Mitteln finanzierten Institution, die aber von den privaten Gesellschaftern abhängig und der Öffentlichkeit keine Rechenschaft schuldig ist.

Ähnliches gilt für das 3. Projekt: das »Internationale Zentrum für fortgeschrittene Studien«. Zur Finanzierung des Studienaufenthalts ausländischer Wissenschaftler sind der Deutsche Akademische Austauschdienst und die Alexander-von-Humboldt-Stiftung zuständig. Sie tun, was sie können, d. h. wozu ihre Etats ausreichen. Sollen sie mehr tun – und sie sollten mehr tun –, so müssen Bundesregierung und Bundestag die Etats dieser offiziellen Institutionen erhöhen, statt einer 15 Gesellschaftern gehörenden GmbH die Mittel zur Verfügung zu stellen. Im übrigen geht die Schwierigkeit, ausländische Wissenschaftler nach Deutschland einzuladen, auch auf die Etatknappheit der Hochschulen zurück. Stellt man einen Antrag in der Fakultät, so heißt es, man würde damit fast den ganzen der Fakultät zur Verfügung stehenden Betrag aufbrauchen. Auch hier weiß man also, wem die öffentlichen

Mittel in erhöhtem Maß zur Verfügung gestellt werden sollten. Die Schaffung von interdisziplinären und internationalen Forschungszentren, wie die GmbH sie vorschlägt, wurde hingegen von der neugegründeten Universität Bielefeld bereits realisiert. Ihr sollten die anderen, oder einige andere, Universitäten nachstreben, und auch dafür brauchen sie Geld aus Bonn. Ob man die GmbH dann noch braucht, ist nur noch eine rhetorische Frage.

Über das 4. Projekt, den »Berlin-Preis der Deutschen Wissenschaft«, will ich mich ausschweigen: wer in diesen Zeitläuften jährlich stattfindende »große Festakte« plant und sich von ihnen »beträchtliche nationale und internationale Wirkung« verspricht, soll das selber verantworten. Zu fragen ist allenfalls, wo eine GmbH mit 15 Gesellschaftern das Recht hernimmt, einen »Berlin-Preis der Deutschen Wissenschaft« zu stiften.

Was nun die übrigen vier Projekte, nämlich die Errichtung von zunächst vier Forschungsinstituten: 1. für Management und Verwaltung, 2. für Friedens- und Konfliktforschung, 3. für Linguistik und Lebensweltforschung, 4. für Urbanistik, betrifft, so will ich auf die Sachfragen, da ich nicht zuständig bin, nicht eingehen, sondern nur allgemein bemerken: Solche interdisziplinären Forschungsinstitute sind offensichtlich nötig. Sie konnten an den Universitäten Berlins bislang (mit einigen Ausnahmen) nicht gegründet werden, weil die Etats jeweils auf die einzelnen Lehrstühle verteilt waren. Das hat das neue Berliner Universitätsgesetz geändert, und es hat zugleich sog. Zentralinstitute und Interdisziplinäre Arbeitsgruppen vorgesehen, in denen die Angehörigen verschiedener Fachbereiche zusammenarbeiten und die über einen eigenen Etat verfügen. Die Arbeitsgebiete der vom »Wissenschaftszentrum Berlin« geplanten Institute sind längst an der FU oder an der TU auf der Planungsliste. Was man jetzt braucht, ist die Hilfe der Kuratorien beider Hochschulen, damit solche Zentralinstitute errichtet und finan-

ziert werden können; was man nicht braucht, ist eine GmbH, mit welcher der Wille sowohl des Gesetzgebers als auch der Universitäten kontrekariert wird.
Ich bin damit beim letzten Punkt, bei der Frage der

Finanzierung

Das »Wissenschaftszentrum«, eine GmbH mit 15 Gesellschaftern, spekuliert auf Millionen, die es jährlich aus öffentlichen Mitteln bekommen möchte. Diese Gelder sollen ihm von der Bundesregierung und vom Berliner Senat zur Verfügung gestellt werden. Wozu? Die Mängel, bei denen die Projekte einhaken, sind durch die alte Universitätsstruktur und durch den zu knappen Haushalt der Universitäten bedingt. Das eine hat der Gesetzgeber im letzten Jahr geändert, das andere muß der Senat, mit Hilfe der Bundesregierung, ändern. Eine GmbH ist dazu nicht erforderlich. Hingegen stellt sich die Frage, ob in einer Demokratie die Regierung einem solchen Unternehmen, das weitgehend unter Ausschluß der Öffentlichkeit, von 15 Gesellschaftern abhängig, wirkt, öffentliche Mittel zur Verfügung stellen darf. In den abschließenden Bemerkungen der Broschüre des »Wissenschaftszentrums« heißt es wörtlich (S. 25): »eine über das bisherige Maß hinausgehende Honorierung« der Mitarbeiter der projektierten Institute sei erforderlich, um zu verhindern, »daß die besten Mitarbeiter abwandern an deutsche (...) Universitäten«. Der Bundeswissenschaftsminister soll also jährlich Millionen dafür ausgeben, daß die Universitäten der Bundesländer und Berlins die besten Wissenschaftler nicht gewinnen können. Ein bekannter deutscher Philosoph pflegt in solchen Fällen zu sagen: »Das kann man sich gar nicht vorstellen, sowas gibt's nur.« Ich teile diesen Fatalismus nicht und frage: soll es das geben? darf es das geben?

Szondis Erklärung wurde abgedruckt in: »marburger blätter, Sonderdruck: Wissenschafts-GmbH« Jg. 21, Ausg. 132/II vom 15. 5. 70. – Über die Pressekonferenz berichteten u. a. der »Tagesspiegel« und der »Telegraf« vom 16. 4. 70 und der »Abend« vom 21. 4. 70, der im Hinblick auf Taubes und Szondi feststellte, die »Hohen Priester auf der Linken« hätten den Präsidenten »Schützenhilfe geleistet«. – Allmählich verschwand das Wissenschaftszentrum wieder aus dem Licht der Öffentlichkeit; nachdem an der Satzung einige Modifikationen angebracht worden waren und der Wissenschaftsrat (vgl. Nr. 2) die ersten beiden geplanten Institute befürwortet hatte, begann es in aller Stille zu arbeiten.[1]

Vgl. auch Nr. 18.

1 Quellen:
Broschüren des Wissenschaftszentrums Berlin gemeinnützige Gesellschaft mbH: Wissenschaftszentrum Berlin, Februar 1969; Bericht über das erste Jahr, März 1970; Internationales Institut für Management und Verwaltung o. J.; Internationales Institut für Konflikt- und Friedensforschung, 1970; Kurzdarstellung, 24. 4. 1970;
Der Spiegel 16/1970; marburger blätter, Sonderdruck: Wissenschafts-GmbH, Jg. 21, 132/II/1970; FU-Information, hrsg. vom Präsidenten der FUB, Extra 29. 4. 70; FU-Information, Extra 2, 13. 5. 70; FU-Information, Extra 3, 25. 6. 70; Deutsche Universitäts-Zeitung 9/10 (1970);
Tagesspiegel 11. 4. 70, 16. 4. 70, Telegraf 16. 4. 70, Abend 16. 4. 70, Morgenpost 16. 4. 70, Abend 21. 4. 70, Tagesspiegel 21. 4. 70, Welt 22. 4. 70, FAZ 22. 4. 70, Tagesspiegel 22. 4. 70, 23. 4. 70, Frankfurter Rundschau 24. 4. 70, Süddeutsche Zeitung 25./26. 4. 70, Tagesspiegel 28. 4. 70, 29. 4. 70, 3. 5. 70, 30. 5. 70, 19. 7. 70.

16. Universitätsgesetz
Sommersemester 1969 – Wintersemester 1969/70

Im Juni 1967 legte der Berliner Senator für Wissenschaft und Kunst einen ersten Entwurf für ein neues Universitätsgesetz (A) vor; im Februar und März 1968 erschienen Entwürfe der drei Parteien (SPD: B, FDP: C, CDU: D); am 7. 10. 68 wurde das »Vorschaltgesetz« verabschiedet (vgl. Nr. 12); im Sommer 1969 wurde das Gesetz auf der Grundlage der Grundsatzentscheidungen der SPD vom 20. 5. 69 (E) vom Ausschuß für Wissenschaft und Kunst ausgearbeitet und in den beiden ersten Lesungen im Abgeordnetenhaus geändert (F) und am 16. 7. 69 vom Abgeordnetenhaus in dritter Lesung verabschiedet (G).
Zu den wichtigsten Änderungen des Gesetzes gehörten die Einsetzung eines Präsidenten statt eines Rektors; die Abschaffung von Konvent und AStA, statt dessen eine größere Beteiligung von Studenten in allen Gremien; die Gleichstellung aller Habilitierten; die Ersetzung der Fakultäten durch Fachbereiche mit Fachbereichsräten und Ständigen Kommissionen.
Die Kontroversen um den letzten Punkt – zwischen den Parteien, innerhalb der SPD selbst und in der Diskussion in den Universitäten und in der Öffentlichkeit – gingen vor allem um die Verteilung der Sitze in den Selbstverwaltungsgremien (Hochschullehrer : Wissenschaftliche Mitarbeiter : Studenten : ggf. Andere Dienstkräfte), um die Zusammensetzung und die Aufgaben der Fachbereiche und um die Zusammensetzung und Rechte der Wissenschaftlichen Einrichtungen (früher Institute). A überließ die Zusammensetzung der Selbstverwaltungsgremien der Universitätssatzung und bestimmte lediglich, daß die Studenten »angemessen vertreten« sein müßten. B forderte das Verhältnis 2 : 1 : 1, C 3 : 3 : 3, D 4 : 1 : 1. In E wurden für den Fachbereichsrat die Zahlen 6 : 3 : 3 : 1 festgelegt, für die Ausbildungskommission 3 : 3 : 6 und für die Forschungskommission 6 : 3 : 1 : 1, wobei Beschlüsse, die Kommissionen mit Zweidrittelmehrheit gefaßt haben, vom Fachbereichsrat nur mit Zweidrittelmehrheit abgelehnt werden können. Daran veränderte sich im Laufe von F nur noch die Anzahl der Vertreter im Fachbereichsrat zu 7 : 4 : 3 : 1 und in der Forschungskommission zu 5 : 3 : 1. Während F wurde festgesetzt, daß im Direktorium von Wissenschaftlichen Einrichtungen die Anzahl der Wissenschaftlichen Mitarbeiter, Studenten und Anderen Dienstkräfte die der Hochschullehrer nicht übersteigen dürfe.
A sah noch Fakultäten, Abteilungen (»soweit es zur Förderung von Lehre und Forschung zweckmäßig ist«) und Wissenschaftliche Einrichtungen (»Lehr- und Forschungsstätten von Hochschullehrern gleicher oder verwandter Fachgebiete«) vor. In B und D gab es praktisch nur Fakultäten und Fachbereiche bzw. Abteilungen, während C nur Abteilungen und Wissenschaftliche Einrichtungen vorsah und beide

durch »gleiche oder verwandte Fachgebiete« definierte; in E schließlich war nur von Fachbereichen und Ständigen Kommissionen die Rede. Dabei hieß es in B, D und E von den Fachbereichen: »sie umfassen wissenschaftliche Einrichtungen gleicher oder verwandter Fachgebiete«. Erst gegen Ende von F wurden die Wissenschaftlichen Einrichtungen wieder als gesonderte Institutionen eingeführt, die laut G den Fachbereichen »zugeordnet« sind und »gleiche oder verwandte Fachrichtungen« umfassen; von den Fachbereichen wird in G gesagt, sie sollen »nach Größe und Zusammensetzung eine sachgerechte Erfüllung ihrer Aufgaben [...] gewährleisten«.
Nachdem die Fakultäten völlig aufgelöst werden sollten, ergaben sich als hauptsächliche Aufgaben der Fachbereiche: Koordinierung von Forschung und Lehre, Erlaß von Studien- und Prüfungsordnungen, Durchführung von Promotionen und Habilitationen, Vorschläge für Berufungen, Verteilung der Sachmittel, Einstellung von Wissenschaftlichen Mitarbeitern und Anderen Dienstkräften »sowie die Entscheidung über ihren Einsatz«.
Die Wissenschaftlichen Einrichtungen sollten in A das Recht haben, »vor Entscheidungen, die sie unmittelbar betreffen«, »gehört« zu werden; C sprach ihnen außer diesem Recht die Bestimmung über die Sachmittel zu; in B, D und E waren überhaupt keine Rechte für sie erwähnt; gegen Ende von F wurde zunächst festgesetzt, daß bei der Behandlung von Angelegenheiten der Wissenschaftlichen Einrichtungen im Fachbereichsrat ein Vertreter des Direktoriums mit beratender Stimme teilnehmen solle; und schließlich, daß die Wissenschaftlichen Einrichtungen bei der Einstellung Wissenschaftlicher Mitarbeiter ein »Vorschlagsrecht« haben, sowie daß der Fachbereichsrat die Sachmittel »im Benehmen mit den Betroffenen im Fachbereich« verwalten solle.
– Seit Vorliegen des ersten Entwurfs des Senators für Wissenschaft und Kunst gab es viele Stellungnahmen aus den Universitäten, vorwiegend ablehnende. Die Kontroversen verstärkten sich im Sommer 1969, kurz vor der Verabschiedung des Gesetzes, und schlugen sich unter anderem in einer Serie von Artikeln im »Tagesspiegel« nieder, verfaßt von verschiedenen Professoren der Freien Universität.
Der erste Artikel, von Prof. Sontheimer, erschien unter dem Titel »Nicht einschüchtern lassen!« am 15. 6. 69. Sontheimer verteidigte darin den Gesetzentwurf gegen die »massive Angriffsfront«, »die von der großen Mehrzahl der Professoren unterstützt« werde. Er meinte, die Angriffe, vor allem gegen die geplanten Fachbereiche, lägen vor allem daran, daß die Ordinarien »ihre bisherige Institutsallmacht mit niemandem teilen und sich keiner Kontrolle unterziehen« wollten. Dagegen verteidigte er den Entwurf als sinnvolle Strukturreform und meinte, die Politiker sollten sich von der »unfreiwilligen und unheiligen Allianz zwischen radikaler Studentenschaft und konservativen Professoren [...] nicht einschüchtern und von ihrem Reformauftrag abbringen lassen.«
Danach erschienen am 22. 6. 69 zwei Entgegnungen von Prof. Sanmann und Prof. von Simson, die teils mehr sachlich, teils mehr polemisch, Sontheimers Argumente zurückwiesen. Sanmann sah die

Hauptgefahr des Gesetzentwurfs in einer zu hohen Beteiligung von Assistenten und Studenten in Entscheidungsgremien; wenn die Hochschullehrer nicht in allen Gremien mindestens 60% der Sitze hätten, werde die »Demokratie zu Tode geritten«. Von Simson meinte, die »destruktivsten Tendenzen« des Vorschaltgesetzes und der von ihm ermöglichten Satzung des Otto-Suhr-Instituts fänden sich in dem neuen Gesetz wieder, das die Politiker den Universitäten »aufzwingen« wollten.
Am 24. 6. 69 erschien der folgende Artikel von Szondi:

Wer hier einschüchtern will

Zu den Auseinandersetzungen um das Universitätsgesetz

Den professoralen Kritikern des SPD-Universitäts-Gesetzentwurfes macht man gern den Vorwurf, sie verteidigten nur ihre Ordinarienallmacht. Dabei wird übersehen oder verschwiegen, daß die einzelnen Institute, um von Gremien geleitet zu werden, an denen alle Institutsmitglieder (Hochschullehrer, Mittelbau und Studenten) maßgebend beteiligt sind, keineswegs zu Fachbereichen zusammengelegt zu werden brauchen. Reformsatzungen, wie es sie an einzelnen Instituten schon gibt, hätte das Gesetz zur Vorschrift machen können.

Wenn aber die Hochschulreform auch ohne die Abschaffung der einzelnen Institute möglich ist, dann fragt es sich, warum »wissenschaftliche Einrichtungen gleicher oder verwandter Fachgebiete« zu Fachbereichen zusammengefaßt werden *müssen*. Und gibt es nicht auch Fächer ohne »Verwandtschaft«?

Zwar wären auch heterogen zusammengesetzte Fachbereiche als Ersatz für Mammutfakultäten wie die Philosophische an der FU zu begrüßen, nicht aber als Ersatz für Institute, deren Lehr-, Ausbildungs- und Forschungstätigkeit in erster Linie von den Vertretern des betreffenden Faches – Hochschullehrern, Assistenten und Studenten – bestimmt werden muß. Die Berliner SPD-Fraktion ist da anderer Meinung.

Mehr Gruppen- als Fachvertretungen

Der Fachbereichsrat, Beschluß- und Leitungsorgan des Fachbereichs, soll sich nach neuesten Meldungen aus sieben Hochschullehrern, vier Assistenten, drei Studenten und einem Bediensteten zusammensetzen (dessen Qualifikation für Entscheidungen in Fragen der Forschung und der Lehre zu den Rätseln des Gesetzentwurfs gehört). Diese Vertreter werden von den jeweiligen Gruppen gewählt, wobei die Hochschullehrer, die Assistenten und die Studenten der zu einem Fachbereich zusammengelegten Fächer drei Wahlkörper bilden. Das aber bedeutet, daß im Fachbereichsrat nicht so sehr die Fächer als vielmehr die Gruppen vertreten sein werden. Gehen in einem Fachbereich verschieden große Institute auf, so wird sich das Beschluß- und Leitungsorgan im großen ganzen proportional zu der Größe der einzelnen Fächer (d. h. zu der Zahl ihrer Hochschullehrer, Assistenten und Studenten) zusammensetzen. Der Gesetzentwurf scheint nicht einmal gewährleisten zu wollen, daß jedes Fach mindestens je einen Gruppenvertreter (Hochschullehrer, Assistenten/Räte, Studenten) in den Fachbereichsrat entsendet.

Man muß sich die Folgen einer solchen angeblichen Selbstverwaltung konkret vorstellen. Zu den wichtigsten Aufgaben der Fachbereiche – oder vielmehr der Fachbereichsräte, die deren Beschluß- und Leitungsorgan sind, zwei Jahre amtieren und von keiner Fachbereichsversammlung kontrolliert werden oder abberufbar sind – gehören unter anderem: 1.) die Einstellung von Assistenten, 2.) Berufungsverfahren, 3.) die Verteilung der Haushaltsmittel. Nach der alten Universitätsordnung fielen diese Aufgaben so gut wie ausschließlich in die Kompetenz der Ordinarien, genauer: Über die Besetzung von Lehrstühlen bestimmte die Fakultät, die eine mit einigen Nichtordinarien-, Mittelbau- und Studentenvertretern geschmückte Ordinarienversammlung war, während die Verwendung des Etats und die Besetzung der Assistentenstellen durch die einzelnen Ordinarien oder durch das aus ihnen zusammengesetzte Seminardirektorium vorgenommen wurden.

Eine Alternativregelung

Geht man davon aus, daß 1.) die Universität nicht nur den Ordinarien »gehört«, vielmehr für die Studenten da ist, 2.) die Studenten ein legitimes Interesse daran haben, wie die Assistenten- und Hochschullehrerstellen besetzt und die Mittel verwendet werden, 3.) die Studenten in ihrer großen Mehrzahl durchaus über Sachverstand und Urteilsvermögen verfügen, so läßt sich eine Regelung der drei genannten Aufgaben im Sinne sowohl der dringend notwendigen Hochschulreform als auch der darum nicht überflüssig gewordenen Sachkompetenz etwa in folgender Weise denken:

1.) Die Einstellung von Assistenten fällt vernünftigerweise einerseits in die Kompetenz des Lehrkörpers am betreffenden Institut (also der Hochschullehrer und Assistenten), andererseits in die Kompetenz der Studenten des betreffenden Faches. Da hier wie anderswo Vertretungsschlüssel (6 : 3 : 3, 7 : 4 : 3 etc.) entweder jeder rationalen Basis entbehren (keiner ist besser oder schlechter als der andere) oder auf den eo ipso suspekten Grenzfall abgestimmt sind, daß die Gruppen geschlossen einer Meinung sind, wobei eine Gruppe die anderen nicht überstimmen können soll (der Fall ist suspekt, weil es sich allemal nicht um sachliche Differenzen, sondern um solche des nackten Gruppeninteresses handeln wird), könnte die Beschlußfassung so geregelt werden, daß der gewählte Assistent jeweils die Mehrheit der Stimmen aller drei Gruppen (Hochschullehrer, Mittelbau, Studenten) auf sich vereinigen muß oder über die Einstellung ein drittelparitätisch zusammengesetztes Gremium entscheidet, wobei jede der drei Gruppen das Vetorecht hat (bei persönlicher Assistenz statt der Gruppe der Hochschullehrer derjenige, mit dem der Assistent zusammenarbeiten soll).

Mit einer solchen sowohl an der Sachkompetenz als auch am Mitbestimmungsrecht aller Gruppen orientierten Regelung kontrastiert die vom Gesetzentwurf vorgesehene: Da kleinere Fächer in den Fachbereichsräten, wenn überhaupt vertreten, jederzeit majorisierbar sein werden, entscheiden über die Besetzung der Assistentenstellen weder die vom Fach her Kompetenten, noch die von der Tätigkeit des Assistenten Betroffenen.

2.) Für die Berufungsverfahren gilt weitgehend, was zur Einstellung von Assistenten gesagt wurde. Allerdings müßte die Berufungsliste nicht von den Hochschullehrern des Faches, sondern von einer aus mehreren Instituten beschickten Berufungskommission einerseits, von den Studenten des betreffenden Faches (nicht von ihren Vertretern) andererseits aufgestellt werden, wobei wiederum an ein Vetorecht beider Gruppen zu denken wäre.

Auch hier widerspricht die vom SPD-Entwurf vorgesehene Regelung sowohl dem Grundsatz der Sachkompetenz als auch dem der studentischen Mitbestimmung am Arbeitsplatz. Hinzu kommt die überaus problematische Neuerung, daß der Senator für Wissenschaft und Kunst an die Reihenfolge der Berufungsliste nicht gebunden sein soll. Die bisherige Praxis der Kultusminister in der Bundesrepublik zeigt, daß wohl jedesmal, wenn sie sich nicht an die Reihenfolge der Berufungsliste hielten (der Berliner Senator tat es bislang), ihre Motive nichts weniger als vertretbar waren: Sie gaben Parteifreunden den Vorzug, sie zogen Kandidaten wegen ihrer Religionszugehörigkeit vor oder lehnten sie wegen ihres politischen Engagements ab, gelegentlich erfüllten sie einfach die Bitte eines in der Fakultät überstimmten Professors, mit dem sie eine persönliche oder politische Freundschaft verband.

3.) Was schließlich die Verteilung der Etatmittel betrifft,

so muß unter anderem zwischen Forschungs- und Bibliotheksetat unterschieden werden. So revisionsbedürftig, ja skandalös die bisherige Regelung der Forschungsmittelzuteilung ist (je mehr Bleibeverhandlungen, um so mehr Forschungsmittel), so unbefriedigend ist die von der SPD-Fraktion vorgeschlagene: Entscheiden soll die Fachbereichsvertretung, obwohl in ihr die Hochschullehrer und Assistenten einzelner Fächer nur schwach, wenn überhaupt, repräsentiert sind. Hier wäre an einen zentralen Forschungsrat der Universität zu denken.
Während kaum einzusehen ist, warum an der finanziellen Ermöglichung der Forschungsarbeit des Lehrkörpers Studenten mitbestimmend teilnehmen sollen (die Frage der Finanzierung studentischer Arbeitsgruppen steht auf einem anderen Blatt), ist sowohl ihr Interesse an dem Ausbau der Institutsbibliothek als auch ihre dazu erforderliche Sachkompetenz gegeben, soweit es sich um Anschaffungen in ihren Studienfächern handelt. Darum wären hier paritätisch zusammengesetzte Bibliothekskommissionen auf Fachebene angebracht. Demgegenüber überträgt der SPD-Entwurf die Verteilung der Haushaltsmittel einem Fachbereichsrat, dessen Mitglieder für die einzelnen Fächer (die im Gegensatz zu den Instituten kein Ausschuß für Wissenschaft und Kunst abschaffen kann) keinerlei Kompetenz zu haben brauchen.
Aus all dem mag klargeworden sein, warum der Universitätsgesetzentwurf, dessen Verabschiedung uns bevorzustehen scheint, nicht nur von jenen Professoren abgelehnt wird, die an einer strukturverändernden Reform kein Interesse haben, sondern gerade um einer solchen Reform willen auch von progressiven Professoren. Die hochschulpolitisch engagierten Studenten haben ihre zusätzlichen Gründe, den Entwurf abzulehnen. Wer von einer unheiligen Allianz zwischen radikaler Studentenschaft und konservativen Professoren spricht, übersieht erstens, daß auch solche Professoren nolens volens zu dieser Allianz

gehören, die in den Instituten, an denen sie arbeiten, zum Teil weit über die vom Gesetz vorgesehene Reform hinausgegangen sind, und er übersieht zweitens, daß diese in der Tat unheilige Allianz das Werk der Berliner SPD-Fraktion ist. Sie hat das Kunststück fertiggebracht, die Reaktionären und die Progressiven, die Radikalkonservativen und die Radikaldemokraten zu vereinigen; Professoren und Studenten, deren Interessengegensätze uns jahrelang als der einzige Grund der Hochschulkonflikte weisgemacht wurden, stehen heute in einer Front gegen das neue Universitätsgesetz. Ein Kunststück ist es auch, weil man nun den Gesetzentwurf mit dem Hinweis anpreisen kann, es seien doch sowohl die reformfeindlichen Ordinarien als auch die revolutionären Studenten dagegen. So erschleicht man den Anspruch, als einziger die Sache der Reform zu vertreten, und scheut nicht das demagogische Argument, wer gegen diesen Gesetzentwurf ist, sei dagegen, daß ein neues Gesetz kommt, sei gegen die Reform.

Als könnte es nicht ein besseres Gesetz, eine vernünftigere Reform geben. Wer schüchtert hier ein?

Vgl. auch Nr. 18.

* * *

Die ersten Folgen des am 16. 7. 69 verabschiedeten Gesetzes waren die Wahl eines Präsidenten und das Fortdauern der gespannten Atmosphäre an der Freien Universität (vgl. Nr. 13 und 14). Gegen Ende des Wintersemesters 1969/70 veranstaltete das Institut für Demoskopie Allensbach eine Umfrage unter den Hochschullehrern der Freien Universität zum neuen Universitätsgesetz, Szondi gab in einem Interview am 17. 1. 70 folgende Antworten:

1. Haben Sie sich schon mit dem Universitätsgesetz und seinen Auswirkungen auf ihre Arbeit beschäftigt? JA
2. Stehen Sie dem neuen Universitätsgesetz insgesamt zustimmend oder ablehnend gegenüber? ABLEHNEND

3. Sind Sie der Ansicht, daß ein Assistent Präsident werden können soll? JA

4. Sind Sie mit der bisherigen Tätigkeit des Präsidenten Kreibich im großen ganzen einverstanden? JA

5. Haben Sie, was die FU betrifft, Hoffnungen oder Befürchtungen? KEINE ANTWORT

6. Halten Sie die Aufgliederung der Fakultät in Fachbereiche für richtig? JA

7. Sind die Studenten in den Gremien zu gut, gerade richtig oder zu schwach vertreten? KEINE ANTWORT

8. Sind Sie für die Stärkung der Autonomie der Universität oder für einen größeren Einfluß des Staates? KEINE ANTWORT

9. Ist Ihre Lehrtätigkeit durch die Zustände beeinträchtigt worden? NEIN

10. Ist Ihre Forschungstätigkeit durch die Zustände beeinträchtigt worden? JA

11. Alter? 40

12. Amtsstellung? Ordinarius

13. Seit wann sind Sie an der FU? 1959

14. Würden Sie die FU verlassen, wenn Sie die Möglichkeit hätten? NEIN [d. h. nur, wenn mir eine Universität alle Vorzüge der FU und Berlins ohne ihre Nachteile bietet, es gibt deren in Deutschland allenfalls zwei].

15. Politische Einstellung? GEMÄSSIGT LINKS.

17. Bund »Freiheit der Wissenschaft« und »Notgemeinschaft für eine freie Universität« Januar 1971

Der folgende Leserbrief Szondis, der in der »Zeit« Nr. 3/1971 erschien, bezieht sich auf einen Leserbrief von Elisabeth Fischer, die darin das ihr von einem »Zeit«-Artikel vorgeworfene Verhalten zu rechtfertigen versuchte. Es handelte sich darum, daß ein von ihr verfaßtes Protokoll einer Sitzung von Jungsozialisten mit der Vizepräsidentin der Freien Universität von der »Notgemeinschaft für eine freie Universität« zu denunziatorischen Zwecken benutzt worden war.

Deren Freiheit, nicht unsere

Ende Dezember 1970 wies der Berliner Senator für Wissenschaft und Kunst den Präsidenten der Freien Universität Berlin an, drei germanistische Veranstaltungen im Vorlesungsverzeichnis zu streichen. Am 12. Januar 1971 beschloß das Berliner Verwaltungsgericht, die vom Senator verfügte sofortige Vollziehung dieser Staatsaufsichtsmaßnahme aufzuheben: bei Abwägung der Interessen wiege das grundgesetzlich geschützte Recht der Dozenten, »frei, also ohne äußere Einflußnahme, zu forschen und zu lehren«, schwerer als die Bedenken, die man gegen die fraglichen Lehrveranstaltungen haben kann.
Man hätte erwartet, der neugegründete Bund »Freiheit der Wissenschaft« würde nach Bekanntwerden der Verbotsmaßnahme des Senators sofort mit schärfstem Protest darauf reagieren. Doch nichts dergleichen. Wie die Berliner »Notgemeinschaft für eine freie Universität«, die dem Bund Vorbild ist, mit »verfremdeten« Dokumenten glaubt der Wahrheit dienen zu können, so ist die Freiheit, welche die Bundesgenossen bei ihrer Namensgebung gemeint haben müssen, eben doch nicht die der Wissenschaft, sondern nur die, die sie meinen: die eigene. In ihren Hän-

den ist der Liberalismus nicht besser aufgehoben als in jener präfigierten Form, für welche die Neue Linke eine so große Schwäche hat.

18. Stellungnahmen zu Stellungnahmen
30. Juli 1970

Im Zusammenhang mit seiner zu erwartenden Berufung an die Universität Zürich schickte Szondi seine größeren Stellungnahmen an einen Kollegen nach Zürich sowie Erläuterungen zu den äußeren Anlässen und den Gründen, die ihn zu den jeweiligen Äußerungen veranlaßt hatten. Es beziehen sich Nr. 1) auf den in Nr. 6 abgedruckten Text, 2): Nr. 12, 3): Nr. 16, 4): Nr. 13, 5): Nr. 15, 6): Nr. 8, 7): Kap. 4.

Zu den Artikeln, Erklärungen, Briefen:

1) Leserbrief vom 28. 7. 1967 in der ZEIT
Professor Eschenburg hatte sich gegen das politische Mandat der gewählten Studentenvertretungen gewandt und auf die Möglichkeit hingewiesen, daß Studenten gegen die Studentenvertretungen prozessieren können. Mir ging es darum zu zeigen, daß durch die Urabstimmung die Studentenvertretungen der ständigen Kontrolle der Gesamtstudentenschaft unterworfen sind – bzw. sein müßten, wenn diese nur bereit wäre, ihre demokratischen Rechte zu nutzen.

2) Erklärung zur Hausordnung vom 26. 1. 1969 und Leserbrief vom 14. 2. 1969 in der FAZ
Die Universität hatte begonnen, Studenten wegen Störung der Vorlesung durch Forderung nach Diskussion zu relegieren. Mir ging es in der Erklärung nicht darum, die Störer in Schutz zu nehmen, sondern darauf hinzuweisen, daß einerseits die Hausordnungsverfahren den in einer Demokratie üblichen Kriterien eines Rechtsprechungsverfahrens nicht genügen und daß andererseits die Universität ihre internen Konflikte (Lehrplandiskussionen z. B) nicht durch Relegationen lösen sollte, während für Delikte ohnehin die normalen Gerichte zustän-

dig sind. Die Ereignisse gaben mir in der Folge übrigens recht: die Relegationen hatten zunächst gravierende Störungen des Lehrbetriebs zur Folge, die in einzelnen Fakultäten zur Schließung führen mußten, während sie dann vom Verwaltungsgericht in einer großen Zahl der Fälle wegen Verfahrensmängeln oder mangels Beweisen aufgehoben wurden.

3) »Wer hier einschüchtern will. Zu den Auseinandersetzungen um das Universitätsgesetz« (DER TAGESSPIEGEL, 24. 6. 1969).

Der Titel spielt auf den zuvor im »Tagesspiegel« erschienenen Artikel des Politologen Sontheimer an, der den Gesetzentwurf in Schutz nahm und die SPD-Fraktion aufforderte, sich von den Kritikern nicht einschüchtern zu lassen. – Meine Kritik richtete sich einerseits gegen das Verfahren, ein Gesetz zwar nicht ohne Hearings, aber im wesentlichen doch ohne Diskussion *in* der Universität von oben zu verabschieden; andererseits gegen die neue Struktur der Gremien, die Mitbestimmung (Demokratie) mehr vortäuschen als verwirklichen. Die Erfahrungen seit dem Inkrafttreten des Gesetzes (1. August 1969) haben gezeigt, daß im Gesetz auf Grund einzelner Beobachtungen unzulässig generalisiert wurde, was für die Philosophische Fakultät (bzw. für die aus ihr entstandenen Fachbereiche) eine ganze Anzahl von »Reformen« zur Folge hat, die nur in den Naturwissenschaften sinnvoll sind. Ferner hat sich bereits herausgestellt, daß die Zusammensetzung des Fachbereichsrats (7 Hochschullehrer, 4 Assistenten, 3 Studenten, 1 andere Dienstkraft) weder sachlichere noch von einer breiteren Basis getragene Beschlüsse garantiert als die alte Fakultät. Was ich in dem Artikel im Gegensatz zu der vorgesehenen und inzwischen im Gesetz praktizierten Regelung als ein Modell zu beschreiben versucht habe, das sowohl an der Sachkompetenz als am Mitbestimmungsrecht orientiert ist, funktioniert an unserem Seminar in einer alle Erwartungen übertreffenden Weise. Ob es generell einführbar ist, weiß ich nicht (der Zwischentitel »Eine Alternativregelung« stammt von der Redaktion) – mir ging es im Artikel nicht so sehr um die Propagierung dieses Modells als vielmehr darum zu zeigen, daß der Gesetzentwurf weder den eigenen Ansprüchen noch denen einer Mitbestimmungskonzeption genügt. (Ich spreche übrigens im Zusammenhang mit der Universität nicht von »Demokratisierung«, da deren Grundbedingung, die Gleichstellung aller Bürger (hier Universitätsmitglieder) wegen des Unterschieds, der zwischen Lehrenden und Lernenden besteht, unerfüllbar ist.)

4) Brief an den Regierenden Bürgermeister und an den Wissenschaftssenator vom 19. Januar 1970.

Der Brief war einerseits als Protest gegen das Übergehen der Fakultät durch den Dekan und gegen die Erzwingung von polizeilichen Maßnahmen gemeint, andererseits als Klarstellung dessen, was im Grundgesetz als »Freiheit von Forschung und Lehre« garantiert ist. Diese Garantie schließt eine Absprache im Department – wie sie in den USA selbstverständlich ist – nicht aus, und es ist nicht einzusehen, warum an der Lehrplanung nicht auch die Studenten sich beteiligen sollten. Erst das Diktat bzw. das Verbot verstoßen gegen die Freiheit der Lehre (vgl. S. 2 oben).

5) »Wissenschaftszentrum Berlin, Gemeinnützige GmbH«. Erklärung abgegeben auf der Pressekonferenz der TU und FU, 15. 4. 1970.

Diese Erklärung schrieb ich in höchster Eile eine Stunde vor der Pressekonferenz und konnte sie vor der Drucklegung nicht mehr revidieren – darum der schlechte Stil. Um die Erklärung bin ich vom Präsidenten der FU gebeten worden. Während er aber vor allem politisch argumentierte und von einem Monopol der Universitäten ausging, schien mir die wesentliche Frage die zu sein, ob eine solche Privat-GmbH aus öffentlichen Mitteln finanziert werden darf, solange diese den Universitäten nicht in genügendem Ausmaß zur Verfügung gestellt werden. – Die für die Bundesregierung maßgebliche Instanz, der Wissenschaftsrat, hat übrigens vor kurzem beschlossen, einzig das Institut für Management und Verwaltung zur Förderung zu empfehlen. Damit ist praktisch das gesamte übrige Projekt gestrichen worden.

6) »Zur Methode des Gutachtens Knauer/Borinski über die Broschüre ›Kritische Universität‹«, 24. 10. 1967.
Im Gegensatz zu den bisher genannten Äußerungen, an deren Ursprung mehr ein bestimmtes Demokratieverständnis stand, sind die beiden folgenden durch ein (si j'ose dire) philologisches Ethos motiviert. Die Broschüre »Kritische Universität« entstand in wenigen Wochen, unmittelbar nach dem 2. Juni 1967. In den Ferien wurde dann von dem Latinisten Professor Knauer in Zusammenarbeit mit dem Erziehungswissenschaftler Borinski ein Gutachten ausgearbeitet, das mehr als 20 Seiten umfaßt. In seiner ersten Sitzung im Herbst beschloß der Akademische Senat die Annahme und offizielle Publikation dieses Gutachtens durch den Rektor, obwohl die Mitglieder des Akademischen Senats den Text des Gutachtens erst in der Sitzung selbst kennenlernten. Für dessen Studium hatten sie 15 Minuten. Ich schrieb nun meine kritische Analyse nicht so sehr um das drohende Verbot der »Kritischen Universität«, das ich für eine hochschulpolitische Dummheit hielt, zu verhindern; noch weniger, um deren Initiatoren zu helfen (ich hatte gar keinen Kontakt zu ihnen). Sondern ich hielt es für unzumutbar, daß der Akademische Senat und der Rektor der FU ein Gutachten veröffentlichten, das voller Fehler, Verdrehungen und Unterlassungen war, da eine solche Publikation ja im Namen aller vom Akademischen Senat und vom Rektor ver-

tretenen Universitätsmitglieder, also auch meiner selbst, erfolgte. Mir schien, daß ich ohne eine Distanzierung von dem Gutachten mit gutem Gewissen nicht weiter an der FU bleiben kann.

7) »Aufforderung zur Brandstiftung? Ein Gutachten im Prozeß Langhans/Teufel«, 6. Juli 1967.
Obwohl ich die Flugblätter bei der ersten Lektüre selbst für kriminell hielt und gegen eine Verurteilung etwa wegen »groben Unfugs« nichts einzuwenden gehabt hätte, war ich von der Anklageschrift des Generalstaatsanwalts entsetzt: sie beruhte durchweg auf Fehlinterpretation. Nachdem ich die (wie sich später herausstellen sollte: falsche) Information erhielt, daß als Strafmaß mindestens mehrere Jahre Zuchthaus vorgeschrieben sind, hielt ich es für meine Philologenpflicht, die Interpretationsfehler des Staatsanwalts in einem Gutachten nachzuweisen. – Die Angeklagten wurden 1968 freigesprochen. – Wenn in letzter Zeit auf Grund der inzwischen in Frankfurt und anderswo erfolgten Brandstiftungen die Rede auf die Gutachten der »gutgläubigen Professoren« kommt, so wird meist übersehen, daß zumindest in meinem Gutachten weder die Pläne der »Kommunarden« noch die mögliche Wirkung ihrer Flugblätter behandelt wurden; ich untersuchte einzig die Frage, was in diesen Flugblättern gesagt wird und inwiefern das in der Anklageschrift falsch ausgelegt worden ist.

19. »Stoßseufzer eines Professors«

Man darf die Studenten schon deshalb nicht den Nazis von 1933 vergleichen, weil einem selbst dann die Rolle der Deutschnationalen zufiele.

*

Man möchte als Professor ein aufgeklärter Monarch sein – die Studenten aber wollen einen reaktionären Bundeskanzler.

*

Auch Intoleranz kann repressiv sein.

*

Wo kommt das Holz her für die vielen Stühle, zwischen die man sich in einem fort setzt?

*

Drucknachweise

Nr. 1
Leserbrief: »Die Zeit« 23. 7. 65
Brief an die Mitglieder des Lehrkörpers der Freien Universität Berlin vom 23. 7. 65: »Der Tagesspiegel« 28. 7. 65

Nr. 2
Der Zwang zum Zwang: »Der Monat« Jg. 18 (August 1966), H. 215
Der Wissenschaftsrat, die Freie (d. h. freie) Universität und die Zwangsexmatrikulation: »FU-Spiegel«, hrsg. vom AStA der FU Berlin, Nr. 53 (Juli 1966)
Materialien zu einer weiteren Stellungnahme: bisher unveröffentlicht

Nr. 3
Erklärung vom 27. 1. 67: bisher unveröffentlicht
Erklärung vom 1. 6. 67: bisher unveröffentlicht

Nr. 4
Philologisches Gutachten über die Flugblätter Nr. 6-9 der »Kommune I« und deren Interpretation in der Anklageschrift des Generalstaatsanwaltes bei dem Landgericht gegen die Studenten Rainer Langhans und Fritz Teufel: »Der Monat« Jg. 19 (August 1967), H. 227; und: »Sprache im technischen Zeitalter« 28/1968

Nr. 5
Erklärung vom 7. 7. 67: bisher unveröffentlicht
Erklärung vom 21. 7. 67: bisher unveröffentlicht

Nr. 6
Leserbrief: »Der Tagesspiegel« 30. 7. 67; und: »Die Zeit« 29. 7. 67

Nr. 7
Stichworte bei meiner Lektüre: gesendet 2. 10. 67, 9.50 Uhr, Hessischer Rundfunk, II. Programm

Nr. 8
Zur Methode des Gutachtens Knauer/Borinski über die Broschüre »Kritische Universität«: Hektographie
Egoismus: bisher unveröffentlicht
Zwölf-Punkte-Erklärung von Professoren der Freien Universität: »Der Tagesspiegel« 28. 10. 67
Leserbrief: »Frankfurter Allgemeine Zeitung« 15. 1. 69

Nr. 9
Von der Unruhe der Studenten, Redaktion Roland Wiegenstein: ge-

sendet 30. 10. 67, Westdeutscher Rundfunk, III. Programm (der hier gedruckte Text ist eine von den Herausgebern leicht redigierte Fassung des Gesprächs)

Nr. 10
Antworten auf das Interview des »Germanistikstudiums«: Hektographie
Round-table-Gespräch: Hektographie

Nr. 11
Erklärung: »Frankfurter Rundschau« 9. 5. 68
Übersetzung des Artikels »Représentants«: bisher unveröffentlicht

Nr. 12
Erklärung zur Hausordnung: »studentische Politik«, hrsg. vom Forschungsinstitut der Friedrich-Ebert-Stiftung, 2, 1969; und verschiedene Tageszeitungen
Leserbrief: »Frankfurter Allgemeine Zeitung« 14. 2. 69
Brief an das Amt des Senators für Wissenschaft und Kunst: bisher unveröffentlicht

Nr. 13
Offener Brief: »FU-Information«, hrsg. vom Präsidenten der FUB, Jg. 6, Nr. 1; und: »Neue Sammlung« 10. Jg. (Mai/Juni 1970), H. 3

Nr. 14
Leserbrief: »Der Tagesspiegel« 8. 3. 70

Nr. 15
Presseerklärung: »marburger blätter, Sonderdruck Wissenschafts-GmbH« Jg. 21, Ausg. 132/II, 15. 5. 70

Nr. 16
Wer hier einschüchtern will – »Der Tagesspiegel« 24. 6. 69
Antworten in einem Interview: bisher unveröffentlicht

Nr. 17
Leserbrief: »Die Zeit« Nr. 3/1971

Nr. 18
Zu den Artikeln, Erklärungen, Briefen: bisher unveröffentlicht

Nr. 19
»Stoßseufzer eines Professors«: bisher unveröffentlicht

Themen

288 Jiří Kolář, Das sprechende Bild
289 Alfred Döblin, Die beiden Freundinnen und ihr Giftmord
290 Alexander Block, Der Sturz des Zarenreichs
292 Ludwig Hohl, Nächtlicher Weg. *Erzählungen*
293 Djuna Barnes, Nachtgewächs. *Roman*
294 Paul Valéry, Windstriche
295 Bernard Shaw, Die heilige Johanna
296 Hermann Kasack, Die Stadt hinter dem Strom
297 Peter Weiss, Hölderlin. *Stück in zwei Akten*
298 Henri Michaux, Turbulenz im Unendlichen
299 Boris Pasternak, Initialen der Leidenschaft. *Gedichte*
300 Hermann Hesse, Mein Glaube. *Eine Dokumentation*
301 Italo Svevo, Ein Mann wird älter
302 Siegfried Kracauer, Über die Freundschaft. *Essay*
303 Samuel Beckett, Le dépeupleur. Der Verwaiser
305 Ramón José Sender, Der König und die Königin
306 Hermann Broch, James Joyce und die Gegenwart. *Essay*
307 Sigmund Freud, Briefe
309 Bernard Shaw, Handbuch des Revolutionärs
310 Adolf Nowaczyński, Der schwarze Kauz
311 Donald Barthelme, City Life
312 Günter Eich, Gesammelte Maulwürfe
313 James Joyce, Kritische Schriften
314 Oscar Wilde, Das Bildnis des Dorian Gray
315 Tschingis Aitmatow, Dshamilja
316 Ödön von Horváth, Kasimir und Karoline
317 Thomas Bernhard, Der Ignorant und der Wahnsinnige
318 Princesse Bibesco, Begegnungen mit Marcel Proust
319 John Millington Synge, Die Aran-Inseln
320 Bernard Shaw, Der Aufstand gegen die Ehe
321 Henry James, Die Tortur
322 Edward Bond, Lear
323 Ludwig Hohl, Vom Erreichbaren und vom Unerreichbaren
324 Alexander Solschenizyn, Matrjonas Hof
325 Jerzy Andrzejewski, Appellation
326 Pio Baroja, Shanti Andía, der Ruhelose
327 Samuel Beckett, Mercier und Camier
328 Mircea Eliade, Auf der Mântuleasa-Straße

329 Hermann Hesse, Kurgast
330 Peter Szondi, Celan-Studien
331 Hans Erich Nossack, Spätestens im November
332 Weniamin Alexandrowitsch Kawerin, Das Ende einer Bande
333 Gershom Scholem, Judaica 3
334 Ricarda Huch, Michael Bakunin und die Anarchie
335 Bertolt Brecht, Svendborger Gedichte
336 Francis Ponge, Im Namen der Dinge
337 Bernard Shaw, Wagner-Brevier
338 James Joyce, Stephen der Held
339 Zbigniew Herbert, Im Vaterland der Mythen
340 Hermann Broch, Barbara
341 Nathalie Sarraute, Tropismen
342 Hermann Hesse, Stufen
343 Rainer Maria Rilke, Malte Laurids Brigge
344 Hermann Hesse, Glück
345 Peter Huchel, Gedichte
346 Adolf Portman, Vom Lebendigen
347 Ingeborg Bachmann, Gier
348 Knut Hamsun, Mysterien
349 Boris Pasternak, Schwarzer Pokal
350 James Joyce, Ein Porträt des Künstlers
351 Franz Kafka, Die Verwandlung
352 Hans-Georg Gadamer, Wer bin Ich und wer bist Du
353 Hermann Hesse, Eigensinn
354 Wladimir W. Majakowskij, Ich
356 Werner Kraft, Spiegelung der Jugend
357 Edouard Roditi, Dialoge über Kunst
359 Bernard Shaw, Der Kaiser von Amerika
360 Bohumil Hrabal, Moritaten und Legenden
361 Ödön von Horváth, Glaube Liebe Hoffnung
363 Richard Hughes, Ein Sturmwind auf Jamaika
365 Wolfgang Hildesheimer, Tynset
366 Stanislaw Lem, Robotermärchen
367 Hans Mayer, Goethe
368 Günter Eich, Gedichte
369 Hermann Hesse, Iris
370 Paul Valéry, Eupalinos
371 Paul Ludwig Landsberg, Die Erfahrung des Todes
384 Zbigniew Herbert, Inschrift
386 Joseph Conrad, Jugend
388 Ernst Bloch, Erbschaft dieser Zeit

edition suhrkamp

540 Thomas Krämer-Badoni / Herbert Grymer / Marianne Rodenstein, Zur sozio-ökonomischen Bedeutung des Automobils
541 Über H. C. Artmann. Herausgegeben von Gerald Bisinger
542 Arnold Wesker, Die Küche
543 Detlef Kantowsky, Indien
544 Peter Hacks, Das Poetische
546 Frauen gegev den § 218. 18 Protokolle, aufgezeichnet von Alice Schwarzer
547 Wlodzimierz Brus, Wirtschaftsplanung. Für ein Konzept der politischen Ökonomie
548 Otto Kirchheimer, Funktionen des Staats und der Verfassung
549 Claus Offe, Strukturprobleme des kapitalistischen Staates
550 Manfred Clemenz, Zur Entstehung des Faschismus
551 Herbert Achternbusch, L'Etat c'est moi
552 Über Jürgen Becker
553 Hans Magnus Enzensberger, Das Verhör von Habana
555 Alfred Sohn-Rethel, Geistige und körperliche Arbeit
556 Becker / Jungblut, Strategien der Bildungsproduktion
557 Karsten Witte, Theorie des Kinos
558 Herbert Brödl, Der kluge Waffenfabrikant und die dummen Revolutionäre
559 Über Ror Wolf. Herausgegeben von Lothar Baier
560 Rainer Werner Fassbinder, Antiteater 2
561 Branko Horvat, Jugosl. Gesellschaft
562 Margaret Wirth, Kapitalismustheorie in der DDR
563 Imperialismus und strukturelle Gewalt. Herausgegeben von Dieter Senghaas
565 Agnes Heller, Marxistische Theorie der Werte
566/67 William Hinton, Fanshen
568 Henri Lefebvre, Soziologie nach Marx
569 Imanuel Geiss, Geschichte und Geschichtswissenschaft
570 Werner Hecht, Sieben Studien über Brecht
571 Materialien zu Hermann Brochs »Die Schlafwandler«
572 Alfred Lorenzer, Gegenstand der Psychoanalyse
573 Friedhelm Nyssen u. a., Polytechnik in der Bundesrepublik Deutschland
574 Ronald D. Laing / David G. Cooper, Vernunft und Gewalt
575 Determinanten der westdeutschen Restauration 1945–1949

576 Sylvia Streeck, Wolfgang Streeck, Parteiensystem und Status quo
577 Prosper Lissagaray, Geschichte der Commune von 1871
580 Dorothea Röhr, Prostitution
581 Gisela Brandt, Johanna Kootz, Gisela Steppke, Zur Frauenfrage im Kapitalismus
582 Jurij M. Lotmann, Struktur d. künstl. Textes
583 Gerd Loschütz, Sofern die Verhältnisse es zulassen
584 Über Ödön von Horváth
585 Ernst Bloch, Das antizipierende Bewußtsein
586 Franz Xaver Kroetz, Neue Stücke
587 Johann Most, Kapital und Arbeit. Herausgegeben von Hans Magnus Enzensberger
588 Henryk Grynberg, Der jüdische Krieg
589 Gesellschaftsstrukturen. Herausgegeben von Oskar Negt und Klaus Meschkat
590 Theodor W. Adorno, Zur Metakritik der Erkenntnistheorie
591 Herbert Marcuse, Konterrevolution und Revolte
592 Autonomie der Kunst
593 Probleme der internationalen Beziehungen. Herausgegeben von Ekkehart Krippendorff
594 Materialien zum Leben und Schreiben der Marieluise Fleißer
595/596 Ernest Mandel, Marxistische Wirtschaftstheorie
597 Rüdiger Bubner, Dialektik und Wissenschaft
598 Technologie und Kapital. Herausgegeben von Richard Vahrenkamp
599 Karl Otto Hondrich, Theorie der Herrschaft
600 Wislawa Szymbroska, Salz
601 Norbert Weber, Über die Ungleichheit der Bildungschancen in der BRD
602 Armando Córdova, Heterogenität
603 Bertolt Brecht, Der Tui-Roman
606 Henner Hess / Achim Mechler, Ghetto ohne Mauern
607 Wolfgang F. Haug, Bestimmte Negation
608 Hartmut Neuendorff, Der Begriff d. Interesses
610 Tankred Dorst, Eiszeit
611 Materialien zu Horvaths »Kasimir und Karoline«. Herausgegeben von Traugott Krischke
612 Stanislaw Ossowski, Die Besonderheiten der Sozialwissenschaften
613 Marguerite Sechehaye, Tagebuch einer Schizophrenen
614 Walter Euchner, Egoismus und Gemeinwohl
617 Probleme einer materialistischen Staatstheorie. Herausgegeben von Joachim Hirsch
618 Jacques Hochmann, Thesen zu einer Gemeindepsychiatrie
619 Manfred Riedel, System und Geschichte

620 Peter Szondi, Über eine freie Universität
621 Gaston Salvatore, Büchners Tod
622 Gert Ueding, Glanzvolles Elend
623 Jürgen Habermas, Legitimationsprobleme im Spätkapitalismus
624 Heinz Schlaffer, Der Bürger als Held
625 Claudia von Braunmühl, Kalter Krieg und friedliche Koexistenz
626 Ulrich K. Preuß, Legalität und Pluralismus
627 Marina Neumann-Schönwetter, Psychosexuelle Entwicklung und Schizophrenie
628 Lutz Winckler, Kulturwarenproduktion
629 Karin Struck, Klassenliebe
630 Alfred Sohn-Rethel, Ökonomie und Klassenstruktur des deutschen Faschismus
631 Bassam Tibi, Militär und Sozialismus in der Dritten Welt
632 Aspekte der Marxschen Theorie 1
635 Manfred Jendryschik, Frost und Feuer, ein Protokoll und andere Erzählungen
636 Paul A. Baran, Paul M. Sweezy, Monopolkapital. Ein Essay über die amerikanische Wirtschafts- und Gesellschaftsordnung
637 Alice Schwarzer, Frauenarbeit – Frauenbefreiung
638 Architektur und Kapitalverwertung
639 Oskar Negt, Alexander Kluge, Öffentlichkeit und Erfahrung
640 Probleme des Sozialismus und der Übergangsgesellschaften. Herausgegeben von Peter Hennicke
641 Paavo Haavikko, Gedichte
642 Martin Walser, Wie und wovon handelt Literatur
643 Arzt und Patient in der Industriegesellschaft. Herausgegeben von Otto Döhner
644 Rolf Tiedemann, Studien z. Philosophie Walter Benjamins
646 H. J. Schmitt, Expressionismus-Debatte
647 Über Peter Huchel
650 Hans Ulrich Wehler, Geschichte als Historische Sozialwissenschaft
659 Heinar Kipphardt, Stücke I
662 Thesen zur deutschen Sozial- und Wirtschaftsgeschichte 1933 bis 1938
663 Gerd Hortleder, Ingenieure in der Industriegesellschaft
664 Hans Setzer, Wahlsystem und Parteienentwicklung in England
665 Alexander Kluge, Lernprozesse mit tödlichem Ausgang
670 Peter Bulthaup, Zur gesellschaftlichen Funktion der Naturwissenschaften
671 Materialien zu Horváths ›Glaube Liebe Hoffnung‹. Herausgegeben von Traugott Krischke
678 Erving Goffman, Asyle

Alphabetisches Verzeichnis der edition suhrkamp